中外幼儿教育比较

李本友　闫焕民　编著

世界图书出版公司

图书在版编目(CIP)数据

中外幼儿教育比较 / 李本友,闫焕民编著. -- 北京 :
世界图书出版公司,2019.4
　ISBN 978-7-5192-5508-4

　Ⅰ. ①中… Ⅱ. ①李… ②闫… Ⅲ. ①学前教育—对
比研究—中国、国外 Ⅳ. ①G619.1

中国版本图书馆 CIP 数据核字(2018)第 300493 号

书　　　名	中外幼儿教育比较
(汉语拼音)	ZHONGWAI YOUER JIAOYU BIJIAO
编 著 者	李本友　闫焕民
总 策 划	吴　迪
责 任 编 辑	邰迪新
装 帧 设 计	赵廷宏
出 版 发 行	世界图书出版公司长春有限公司
地　　　址	吉林省长春市春城大街 789 号
邮　　　编	130062
电　　　话	0431-86805551(发行)　0431-86805562(编辑)
网　　　址	http://www.wpcdb.com.cn
邮　　　箱	DBSJ@163.com
经　　　销	各地新华书店
印　　　刷	小森印刷(北京)有限公司
开　　　本	710 mm×1000 mm　1/16
印　　　张	10.5
字　　　数	156 千字
印　　　数	1—5 000
版　　　次	2019 年 4 月第 1 版　2019 年 4 月第 1 次印刷
国 际 书 号	ISBN 978-7-5192-5508-4
定　　　价	46.00 元

序

  2018 年 11 月，中共中央、国务院印发了《关于学前教育深化改革规范发展的若干意见》，对新时代学前教育发展做出重大决策部署。以中共中央、国务院名义专门印发关于学前教育工作的若干意见，这在新中国成立以来还是第一次，充分体现了以习近平同志为核心的党中央对学前教育工作的高度重视和对广大学龄前儿童的亲切关怀。学前教育是终身学习的开端，是国民教育体系的重要组成部分，是重要的社会公益事业。

  学前教育决定人的成长轨迹。人生百年，立于幼学。孩子 5 岁之前是养成良好基本习惯的阶段，这个阶段家庭教育尤为重要。如何才能让孩子身心健康成长？一百个人有一百种家庭教育的方法，区域不同、民族不同，对幼儿教育的方法也不一样。个体的或者局部的家庭教育方法和经验很难具有普遍适用性，因此，我们必须通过对不同民族、不同地区、不同国家的幼儿教育方式方法进行比较，找到幼儿家庭教育中带有规律性的东西，这样的方式方法才能为大众所遵循。

马克思在《1844年经济学哲学手稿》中提出："人是类存在物。"血缘、地缘、语言或者习惯相近的人群生活在一起，开创了共同体的生存方式。而今以共建共享为基础的"人类命运共同体"的世界，文明的繁盛、人类的进步，更离不开开放包容，离不开文明交流、互学互鉴。和谐共生、相得益彰，共同为人类发展提供精神力量。

正是基于上述思考，我们着手写作了《中外幼儿教育比较》一书。全书分四章。第一章为中外幼儿教育理念的比较。通过案例比较中外幼儿教育理念的差异，去粗取精，求同存异，以期使家长对中外幼儿教育的理念有较为全面的理解。第二章为中外幼儿教育环境的比较。环境教育对幼儿一生的影响意义重大，从中外家庭环境和社会环境教育的比较中，我们能够更清楚地认识到中外幼儿在情感表达、意志表现及价值观方面的差异情况。第三章是中外幼儿教育内容的比较。主要从德育、智育、体育、美育和健康教育方面加以比较，从而更加全面地了解世界各地为了促进幼儿在德、智、体、美、劳、健康教育全面发展所做出的努力和采用的各种方法。最后一章阐释了我国幼儿教育的未来走向。全书有一定的理论，但更多的是通过案例阐释理论，因此具有很强的可读性。本书为学习型城市建设的市民读本，尤其适合30~40岁的幼儿父母阅读，也适合幼儿教育专业的师生作为选修课学习。

衷心感谢北京市门头沟区教育委员会。教委领导为了培养教师骨干，促进教师专业发展，推进学习型建设，成立了"职成教名师工作室"。工作室由（排名不分先后）刘孟海、郑德刚、杨亚洲、王海军、肖刚、王静、金明、吴兴慧、刘冬霞、常广瑛、葛文艳、徐悦、张荣锋组成。这些老师为本书的写作提供了很多帮助。在"职成教名师工作室"平台上，我们编著了《国学（1—6册）》《城乡学生学业差异研究》《义务教育学生评价方法》等书籍。现在工作室虽已经解散，但在这两年时间里，我们工作室老师享受到了研究的乐趣，享受到了教育的乐趣。正如著名教育家朱永新在谈及"享受教育"时曾说："你的眼里没有色彩，你的生活就不会缤纷；你的心里没有阳光，你的教育就不会辉煌……享受教育，你就多了一份快乐的心情，你会把每一个挫折看成是考验，你会把每一种困难看成是磨炼……享受教育，你就多了一股创造的激情，你会把每一堂课精彩地演绎，你会把每一句话精心地锻造，你会把校园变成追求卓越的教育梦工场……享受教育，你就多了一种生活的诗意，你能从平凡中品味出伟大，从失败中咀嚼出辉煌……"

衷心感谢北京市教委职成处和北京开放大学的相关领导，本书也是北京市学习指导师进阶培训项目《30～40岁家长教育课程开发》的研究成果。课题组成员高月霞、张学兰、邹方亮、赵妍为本书的写作也付出了辛劳与汗水。

鉴于作者水平有限，不足乃至错误之处在所难免，恳请大方之家批评、海涵。我们会虚心接受来自各方的意见和建议，不断努力，为学习型城市的建设，为学前教育的发展尽绵薄之力。

目录

04　我国幼儿教育的未来走向

01

中外幼儿教育理念的比较

人的一生在不同的年龄阶段有不同的年龄特征，按照年龄可以分为婴儿期、幼儿期、儿童期、少年期、青年期、成年期、老年期等。针对不同的教育阶段，应该有不同的教学理念。分阶段进行教育，才能适合不同年龄段的人。各个教育阶段的任务、内容和方法各不相同，各自具有各自的特点和规律，在这些年龄阶段发展中起着重要的基础作用，它影响着后期个人的发展，因此，我们对幼儿的教育需要足够重视！

一、中国幼儿教育理念

（一）中国古代幼儿教育理念

中国是一个有着悠久历史的文明古国，也是一个具有重教兴学传统的礼仪之邦。中国古代教育在其发展演变过程中，形成了重视儿童教育的优良传统，中国古代幼儿教育也是中国教育的一个重要分支，由此诞生了丰富的儿童教育思想。

中国古代的幼儿教育与现代的幼儿教育概念有很大不同。在古代，初生至 10 岁出外学习这个年龄阶段称为"幼"，出自《礼记·曲记》的"人生十年曰幼，学。"但古书记载的一般说法是 8 岁。我们概括这里所讲的"幼儿"，是指初生之时到 8～10 岁外出学习。"幼学"即幼儿教育，就是外出就学之前所受的教育。

我国幼儿教育发展历史悠久，从原始社会时期至今经历了多个阶段。

1. 原始社会时期

我国幼儿教育起源于原始社会。"长幼侪居，不君不臣；男女杂游，不媒不娉"是原始社会时期杂婚生活的写照。生产工具简陋，生产力水平极低，常受洪水猛兽的袭击，疾病和饥饿也常常威胁他们，远古的先民们从严酷的现实中深刻认识到，要生存就必须结成集体，只有依靠集体的力量，不断改进工具，并对孩子们进行教育，传授生产和对大自然斗争的经验，才能战胜自然界的困难和猛兽的威胁。因此，他们十几人以至几十人结成一群，依靠集体进行生产劳动，也依靠集体来教养子女，进行幼儿教育活动。但当时"教育"没有形成理论，教育以"社会公育"为主要理念，传递生活方式和生活习惯，基本没有触及更深的在其他方面的教育知识。因此当时的幼儿教育只是一种生存教育，对幼儿教育只是口耳相传和让幼儿对实际动作的简单模仿。

幼儿教育从原始人群产生时起，经历过氏族公社的两个阶段，逐步发展起来。总的来说，原始社会的幼儿教育不断进步，其内容由简单到复杂，范围由小到大，由公养公教逐步向家庭教育过渡，这个发展变化的趋势与当时社会政治经济的状况相一致。

原始社会幼儿教育有以下三个明显的特点：

（1）幼儿教育体现"教育为公，幼儿教育人人平等"的理念。在原始社会里，人们在生产劳动、集体生活和同大自然斗争中，共同劳动，共同生活，结成了平等的关系，氏族公社内部没有私有财产，没有阶级，政治经济上和财产分配上的人人平等，决定了幼儿教育上的人人平等。原始社会的幼儿教育，没有阶级性，只有全民性，实行公养公教，这是政治经济上"天下为公"在教育上的反映。

（2）幼儿教育以生产劳动为主要内容。当时的社会生产力水平很低，人们为了满足最低限度的物质生活，不断扩大生产，使人类社会不断进步，不得不把主要精力用在生产劳动上。因此，生产劳动就成了原始社会最重要、最基本的活动。这就决定了幼儿教育要紧密结合生产劳动进行，更好地为生产劳动服务。它要求远古先民的长辈通过教育和训练，把制造和使用生产工具的技能技巧，将种植、渔猎、采集、饲养和从事手工业生产的经验传授给后代，从而把他们培养成为合格的健康的劳动者。

（3）幼儿教育对象具有平等性和普及性的特点。幼儿教育没有专门的教育机关，没有专门的教师队伍，有经验的老人就是老师，山野、种植地、河边往往就是现场教学的场地。这是由原始社会生产力水平低下的社会状况所决定的。

2. 奴隶社会时期

进入奴隶社会后，社会生产力水平逐步提高，有了剩余产品，使一部分人从劳动中解脱出来，专门从事教育事业和参加学习活动。社会的进步促进教育的变化。春秋战国时期，民间逐步出现了针对儿童进行启蒙教育的场所。

这一时期，作为儒家创始人的孔子，他的教育思想为以后的蒙学教育奠定了理论基础，也决定了其教育方向。他的教育思想的核心是人本思想。他强调人之初性本善；他重视人的生命；依据"性相近，习相远"而提出的"有教无类"思想在今天仍是教育者的信条；开展"乐学"——启发式教学，让幼儿能快乐地学习知识，并且用恰当的方法去启发孩子学习，尊重人的认知规律，培养幼儿学习的主动性，激发幼儿的想象力和创造潜能；重视个人的现实存在和自我实现的价值，他在教育中鼓励幼儿要有自己独立的人格，要依靠自己的努力与意志力去战胜困难，实现自我，而不是凡事都依靠外界的力量。孟子主张对儿童从小教育，启发其"善性""申之以孝悌之义"，使之"明人伦"。

奴隶社会幼儿教育有以下四个显著特点：

（1）教学对象具有明显的阶级性和等级性。这一时期的教育完全被奴隶主贵族所垄断，就连幼儿教育也成为奴隶主贵胄子弟的专利品。婴儿教养机构为皇族亲贵所垄断，即使是中层、下层的奴隶主贵族子弟也没有这种特权，平民百姓的幼儿更是会被拒之于门外。这是奴隶社会"学在官府""学术官守"的教育政策在幼儿教育中的反映，说明了奴隶社会的幼儿教育具有明显的阶级性和等级性，这与原始社会人人平等的幼儿教育有本质区别。

（2）教学手段具有先进性。奴隶社会时期出现了文字，这样在进行幼儿教育时，就能"以文字相授""以书册讲道"，这相对于原始社会没有文字书册，只靠口耳相传、手势示意、观察模仿以及其他游戏、歌舞、故事等形式来传授知识技能，在教学手段和教学条件上大大前进了一步。

（3）教学场所和施教人员具有专业性。由于生产力低下，原始社会进行幼儿教育没有专门的教育场地，没有专门的教师。随着社会经济发展、生产力水平的提高，奴隶社会建造了专门的教育机构，产生了学校，有了婴幼教养机构——孺子室，也有了独立的、专门的教师队伍。"孺子室"对教养人员职责任务的规定、要求具体明确、职责分明，表明了奴隶主贵族统治集团对幼儿教育的师资管理是严格的、细致的。

（4）教学内容和方式具有广度性、深度性。西周是奴隶制社会全盛的朝代，经济发展，文化教育发达，幼儿教育也有所发展。胎教在宫廷内盛行，婴儿教育设立了孺子室，社会幼儿教育也制定了教育制度，规定了不同的教学内容。在幼教的广度和深度上，都比原始社会有了更大的进步。

3. 封建社会时期

西汉初，蒙学机构及教育内容体系已经初步成熟。经过六朝、隋唐发展，直至宋代以前，我国虽有蒙养教育，但也只是隐含在一般意义的小学教育之中而未得到真正的重视。直到宋代，作为儒学流派之一的理学兴起，才将蒙养教育放到了重要的地位，这使蒙学教育进入了一个全新阶段，达到了细致化、正规化、制度化的程度。朱熹可以说是这一时期蒙学教育的集大成者，重视胎教，主张自幼应通过日常生活及环境受到"习染"，从而培养"良知良能"。

宋代的幼儿教育理念有如下观点：

（1）立志为先。南宋的陆九渊极为强调立志的重要性，他认为，人的德行有好有坏，能力有大有小，不一定要求所有人一样，但对于志向，则必须要及早确立正确的方向。在他看来，人的行为由其志趣驱动所赋予，"耳目之所接，念虑之所及，虽万变不穷，然观其经营，要其归宿，则举系于其初之所向"。而志向同时又决定了人们的价值取向，因此"然无志则不能学，不学则不知道，故所以致道者在乎学，所以为学者在乎志"。

（2）德育为重。朱熹在《小学》中引杨亿的话说："童稚之学，不止记诵。养其良知良能，当以先入之言为主。日记故事，不拘今古，必先以孝悌忠信、礼义廉耻等事，如黄香扇枕，陆绩怀橘，叔敖阴德，子路负米之类，只如俗说，便晓此道理，久久成熟，德性若自然矣。"蒙童由于心智未全，极易受到外界的熏染，因此，道德教育作为一种外在规范的养成教育，必须先入为主，通过榜样的垂范作用，从小就培养儿童基本的辨别是非善恶的能力和孝悌、诚实守信等良好品德，不断加强道德修养，渐至养成习惯，为今后的成长打下基础。

（3）礼教为主。宋代理学家张载、二程都主张抓住儿童记忆力强、人格处于塑造期的特点，用正确的方法给儿童施以恰当的教育："勿谓小儿无记性，所历事皆不能忘。故善养子者，当其婴孩，鞠之使得所养，令其和气，乃至长而性美。"儿童教育必须前后一致，善始善终，"好恶有常"，在儿童幼小时期就开始培养他们良好的道德习惯。

明清时期，蒙学教育有了进一步的发展。明代哲学家，教育家王阳明深入研究了儿童心理，总结出不少蒙养教育的方法，并提出著名的"训蒙教约"。明末清初的思想家王夫之认为人性是人所具有的潜能，这种能力在生活环境变化进程中，通过"新故相推"而发展，渐至养成以至于善，所以"习"在人性的发展中起着重要作用。古代儒家蒙学思想从人的成长、个体人格完善等角度，重视蒙养教育，很多人更是身体力行，积极从事教育活动，有力地推动了蒙学教育的发展。

明代的蒙学教育研究以王阳明为首，他在《社学教条》中比较集中地阐发了他的儿童教育理念。

（1）"古之教者，教以人伦"。王阳明坚持了我国古代儒家教育的传统，确定儿童教育以"明人伦"为任务，将封建道德教育摆在首位，在此基础上，再培养学生其他的才能，"或有长于礼乐，长于政教，长于水土播植者"。他认为："古之教者，教以人伦：后世记诵词章之习超，而先王之教亡。"[①] 人伦教育不仅要针对成人，也要针对儿童。儿童教育的主要任务是"惟当以孝弟忠信礼义廉耻为专务"[②]，也就是说，儿童教育的主要任务就在于向儿童传授这些道德知识，培养他们遵守这些道德规范。他批评过去的儿童教育只重书本教授而轻视道德教育。

（2）"顺导其志意，调理其性情"。王阳明主张儿童教育必须顺应儿童的年龄、性情和心理特征进行，使儿童在学习中得到乐趣与心理的满足，而不应以教成年人的方式去教他们。《训蒙大意示教读刘伯颂等》一文中说："大抵童子之情，乐嬉游而惮拘检，如草木之始萌芽，舒畅之则条达，摧残之则衰痿。"意思是说，儿童的天性是贪玩而害怕管束的，故对于儿童的教育要顺应他们的天性，就像草木刚开始萌芽的时候，让它舒畅地生长，

---

① （明）王守仁. 传习录·训蒙大意示教读刘伯颂等 ［M］. 贵阳：贵州人民出版社，1997.
② （明）王守仁. 传习录·训蒙大意示教读刘伯颂等 ［M］. 贵阳：贵州人民出版社，1997.

就会枝叶调和畅达，如果束缚摧残它，则幼芽就会衰败萎落。所以，教育儿童"必使其趋向鼓舞，中心喜悦，则其进自不能已"。

（3）"歌诗""习礼"和"读书"。王阳明非常重视诗教，他主张把教读诗歌作为蒙学中进行道德教化的主要手段，认为对儿童"诱之歌诗"，不但能激发起他们的意志，而且能使儿童的情感得到正当的发泄，有助于消除他们内心的苦闷和烦恼。此外，他在《教约》中还进一步规定了蒙学教读诗歌的具体方法，"凡歌《诗》，须要整容定气，情朗其声音，均审其节调；毋躁而急，毋荡而嚣，毋馁而慑。久则精神宣畅，心气和平矣"。王阳明认为教导儿童习礼，不仅能养成儿童威严的仪表，遵守礼仪的习惯，起到道德教育的作用，而且通过各种行礼的动作，还能达到锻炼身体、增强体质的目的，实现道德教育与体育的巧妙结合。

（4）关注儿童。王阳明充分地意识到各门学科的内容和性质，以及学童的性情、兴趣、注意力等心理因素的相关性。为了做到调动各种积极因素，充分发挥学童的主观能动性，他还制定出了社学日课表，"每日功夫，先考德，次背书诵书，次习礼或作课仿，次复诵书讲书，次歌诗"①。

清代学者章学诚的蒙学思想具有集大成的特征。章学诚以著述讲学为终身职业，他十分注重讲授课蒙的内容和方法，目前留下来可见的论文有：《论课蒙学文法》《清漳书院条约》《与定武书院诸及门书》《清漳书院会课策问》等。章学诚以"六经皆史"的宏大眼光将文化的生成根植于历史之中，主张"学以致其道"，将传统的经学、史学作为蒙学的主要内容，反对形式主义的学习方式，在教学原则和方法上提出了切合儿童身心特点的见解。

（1）对文化根性的探寻。章学诚提出"童子之学，端以先入为主，初

---

① （明）王守仁.传习录·教约［M］.贵阳：贵州人民出版社，1997.

学为文，使串经史而知体要，庶不误于所趋"。经史并重，通过历史了解经典产生的基础，从文化的根性来解读文化，这就使得经典不再飘浮于现实之上，而是在现实中找到其生发的根源。章学诚的启蒙教育思想打破了长期以来重经轻史的教育传统，是很有见地的。章学诚认为，"四书文字，必读《春秋左传》，为其知孔子之时事，而后可以得其所言之依据也。孺子能读《左传》者，未必遂能运用，其不能诵读，与读而不能记忆，又无论矣。今使仿《传》例为文，文即用以论事，是以事实为秋实，而议论为春华矣。华实并进，功不妄施，其便一也。"① 四书五经时代邈远，以《春秋左传》相辅以学，确实能够达到事半功倍的效果，章学诚认识到了经史的互文性，主张以史证经，以史补经。

（2）培育主体文化根性。在古代，功利化、急于求成的蒙学教育也比比皆是，"世俗训课童子，必从时文入手"，在科举利益驱动下，科举时文过早地进入了蒙学视野。章学诚对这种违背儿童身心发展规律的做法深为不满，他在《论课蒙学文法》一文中说道："时文法密，不能遽责备于童子，则必使之先为破题；破题能属句矣，乃使演为承题；承题能成语矣，则试学为起讲；后乃领题提比，出题中比，以渐而伸；中比既畅，然后足后比而使之成篇。夫文之有前后，犹气之有呼吸，啼笑之有收纵，语言之有起讫。未闻欲运气者，学呼多年，而后学吸；为啼笑者，学纵久之，而后学收；习言语者，学起语几时，而后学讫语。此则理背势逆，不待知者决矣。其不可者一也。"②

（3）对功利主义教育思想的批判。章学诚并不反对实用蒙学，认为实用技能的培养也是蒙学的重要内容之一，但他对脱离伦理本位的蒙学感到

①　章学诚. 文史通义新编新注（仓修良辑注）[M]. 浙江古籍出版社，2005.
②　章学诚. 文史通义新编新注（仓修良辑注）[M]. 浙江古籍出版社，2005.

不满，主张蒙学必须坚持正确的教学思想，认为教育应该"致其道"。章学诚的"致其道"有两个层面的内容，一是培养学生"有德有言"的道德素质，一是培养学生具有"修齐治平之道"的真实本领。章学诚对功利蒙学的批评是对正确教育观的呼唤，在过度追求实用的语境下，这样的呼唤起到了正本清源的作用。当然，章学诚所推崇的伦理道德是封建时代被视为具有普世价值的理学，对于这些思想，我们需要理性地辨析①。

4. 民国时期

在我国，对幼儿教育理念起着重大作用的是五四运动。五四运动是一场思想解放运动，它在反帝、反封建的同时，引进和借鉴了大量国外资产阶级文化教育思想。一些新的思想逐步传入中国，出现了探索幼儿教育中国化、科学化的代表人物，如陶行知、张雪门、陈鹤琴等一批著名的幼儿教育专家，他们的幼儿教育思想和实践活动指引了当时中国幼儿教育的发展。中国近代由于这些先进知识分子对教育的重视和发展，使幼儿教育发展取得重大进步。

五四运动前后留学美国的陶行知、陈鹤琴等人对我国学前教育理论的形成发挥了关键的作用。他们在国外学习了丰富的知识，吸取了杜威的实用主义教育思想，他们的教育思想和理论在教育上都有重大作用。这些先进的教育者们推崇杜威的"儿童中心论"，对于旧的、传统的、以教师为中心的教育模式的改造具有一定的推动作用。此外，鲁迅、蔡元培、恽代英等人提出的"反对封建的儿童观，尊重和发展儿童的个性"的主张对于建立新型的、注重儿童个性的儿童观、教育观，对于现代儿童教育思想的形成都起到了积极的作用。

① 黄俊官. 论章学诚的启蒙教育思想 ［M］. 内蒙古师范大学学报（教育科学版），2014（6）：23－25.

陶行知曾发表了《创设乡村幼稚园宣言书》《幼稚园之新大陆》《如何使幼稚教育普及》等具有人民性、进步性的文章。他带领学生建立了我国第一批乡村幼稚园和劳工幼儿团，并组织了乡村幼教研究团体，开展了卓有成效的实证研究。他为我国学前教育理论的形成做出了突出贡献。

他对于幼儿教育资源有自己独特的理念：

（1）创设良好的园内环境。如果空间允许的话，陶行知提倡在教室内开辟不同的活动区。例如，自然角：在教室的一角放置一些小动物、植物，供幼儿学习、探索。或饲养小金鱼、昆虫等；或让幼儿从家里带来小麦、大豆、水稻等农作物以及盆栽花卉、蔬菜；或带孩子们到野外采集各种树叶、种子制成植物标本，捉些蝴蝶、蜻蜓扎在泡沫板上制成动物标本。数学角：农村丰富的自然物与废旧物品为幼儿操作学习提供了廉价的教具、学具，可以用小石头、果核、松球数数，用小木棍排序、分辨粗细长短，用废旧毛线测量，用火柴棒拼图，在串珠、串纽扣活动中数数，还可利用小麦、玉米、大豆、花生等按种类、大小、颜色进行分类练习。美工角：用高粱秆制作眼镜；用地瓜叶柄制作耳坠、手链；用小麦秆编制戒指、烟袋；用狗尾草编成小兔、小狗；用树叶、种子粘贴各种小动物；用竹筒做成双响筒；用竹块做成快板；用啤酒盖做成响铃；用树叶、芭蕉叶、包装袋等做成各种服饰进行表演；用干花、干草制作贺年片；用种子、火柴棒粘成各种物体形状，这一切的一切无不蕴含着幼儿的想象力、创造力和动手操作能力。

（2）让幼儿走进大自然，走进社会。陶行知曾说过，活的乡村教育要用活的环境，不用死的书本；要解放时间与空间，充分利用周围自然环境。农村幼儿园的教学场所并不一定要在教室，可以打开园门，鼓励教师与幼儿走出幼儿园，把课堂移到大自然，经常带幼儿到大自然中进行教育，到现场学习。教师可以利用外出参观、春（秋）游、远足等活动，带领幼儿走进大自然、走进生活、走进社会，拓展幼儿活动的空间。引导幼儿在直接感知中学习，发挥周围环境的教育价值。只有大自然才是孩子们快乐成长的乐园，才是幼儿最感兴趣的教育大课堂。[①]

（3）开发乡土教材，丰富教学活动。农村幼儿教师要从"课本才是教材"的狭隘观念中走出来，从农村儿童生活环境中、从社会文化活动中，寻找丰富而适宜的教育内容和材料，充分开发乡土教材。教师要认识到教育内容并非新异的、城市化的、洋的才是好的，往往被视为"老土"的东西，其实蕴含着丰富而深厚的教育和文化价值。积极开发乡土教材能丰富教育活动内容，培养幼儿亲近社会、尊重和热爱本土文化的情感。可以选择农村民间游戏、歌谣等，使之成为重要的教育内容和材料，丰富教学活动。

陈鹤琴为我国学前教育理论的形成也同样做出了突出贡献，他毕生的研究和探索主要集中在幼儿教育及与此相关的幼师、高等教育。他率先在我国用实验法研究儿童心理，并写成《儿童心理之研究》，率先在我国用实验法在其创立的我国第一所实验幼儿园中开展幼儿教育研究，并发表一系列研究成果。另外，他还发起组织幼稚教育研究会，创办了我国最早的幼稚教育研究刊物——《幼稚教育》，这些推动了我国学前教育理论的建设和发展。到20世纪40年代，陈鹤琴的学前教育思想日臻结构化，在进一步实验研究的基础上编写出《活教育的教育原则》等著述，建立了活教育的理论体系。活教育的三大目标分别是做人、做中国人、做现代中国人，做中教、做中学、做中求进步，大自然、大社会是我们的活教材。同时他也强调幼儿教育应紧密结合幼儿的实际生活，以大自然、大社会为课堂，结合

---

① 金忠明，周颖. 陶行知农村幼儿教育思想与实践的现代价值［M］. 上海师范大学学报（基础教育版），2008（1）：68－72.

儿童的心理特点，运用启发式教学，激发儿童的兴趣和想象力。他提出："重视以大自然、大社会为活教材，根据儿童生理心理发展情况，按时令季节和幼儿实际生活的情况制订计划。"即以儿童为本位，关注儿童的生理心理的发展状况，主题来源于幼儿的实际生活，最大可能地扩展到大自然、大社会。

（二）中国现阶段幼儿教育理念

中华人民共和国成立后，由于实行计划生育政策，中国幼儿教育的主要问题皆来源于独生子女的教育与成长。由于子女的单一存在，使得家庭的功能发生了巨大的变化，不再以经济生产与社会交往为主要内容，而将子女的教育放在了首位。这样，以独生子女教育为核心的理念需求便更为显著，但是，中国传统文化中的教育思想已远不能适应于新的教育对象，于是从学界到家长个体开始了向国外学习幼儿教育理念。

其一，蒙台梭利"爱与自由"的教育理念。自从蒙氏教育进入中国，教育理论界与实践者就在不断探索并希冀建立适合中国幼儿教育的模式。针对中国传统教育的弊端所在，蒙氏的两大思想元素受到了关注：一是有准备的环境，二是幼儿与教师的关系[①]。在蒙氏的教育设计中，幼儿赖以生存和生活的环境至关重要，"儿童之家"具有非常特殊的意义。儿童需要在顺应天性发展的环境中生活，必须摒弃带有成人意味的设计。儿童环境儿童化，儿童必须拥有自己的天空才可以更自由地发展天性。这是蒙氏教育中国化的基本内容之一，为幼儿准备自己的生活环境，从这一点开始，中国人开始抛弃了传统，接受了蒙台梭利。蒙氏教育中国化的过程就是中国人思索如何教育独生子女的过程，也是中国人向传统教育模式挑战的过程。

---

① 刘文，林红霞．蒙台梭利教育模式中国化探索［J］．湖南师范大学教育科学学报，2003（6）．

其二，裴斯泰洛齐"完善的人"的教育理念。裴氏强调教育顺应自然、爱与信任，但这些只是教育者实施教育的手段。裴斯泰洛齐的教育有终极目标——培养完善的人。完善的人就是社会中的有用成员，也是能够感到自身幸福的人。至于如何培养完善的人，裴氏认为有两大途径：一是三育并行，即德智体全面教育；二是家庭教育与学校教育相结合①。裴斯泰洛齐特别强调家庭教育的重要性，家庭是进行人的教育的唯一外部环境，尤其在幼儿时期，家庭的作用异常重要，父母通过家庭环境的影响会直接导致幼儿身心的最初塑造与道德的启蒙。但是，单独的家庭教育无法完成教育的所有内容，教育必须有外部力量的加入方能进行持续性的教育和家庭功能的及时转换。学校教育就承担了这一角色，学校以其完备的教育系统与专职的教育者弥补着家庭教育的不足②。

其三，洛克"尊重儿童"的教育理念。洛克思想之所以被中国人所引进直至接受，主要是他所倡导的"尊重儿童"的教育思想。尊重儿童的前提则是承认儿童有精神存在与儿童的理性存在。在洛克看来，理性是伴随儿童身体的发育而发展的。儿童尽管与成人有别，但他们也是一个有理性的人。因此，在儿童的早期教育中必须关注儿童的精神发育与理性表现，并进行积极引导。尊重儿童，就可以促进其心智的发展，承认儿童的理性存在，就可以真实地走进并了解儿童世界。在传统的中国教育观中，幼儿、孩子、子女不是被尊重的对象，而是被加以管制约束的对象，"严"字当头，棍棒教育即是如此。但是一味的放纵与一味的约束都是片面的教育模式，任何一种都有可能造成幼儿教育的严重后果。所以洛克的教育理念要与传统中国的教育理念相结合。

---

① 蔡敬．培养完善的人——浅析裴斯泰洛齐教育思想［J］．理论学习，2004（9）．
② 滕大春．裴斯泰洛齐为教育而奉献的爱心——纪念教圣250周年诞辰［J］．北京师范大学学报，1995（3）．

二、国外幼儿教育理念

(一) 国外幼儿教育理念

古希腊时期，许多哲学家、思想家和教育家在教育实践的基础上提出了不少有价值的幼儿教育思想。古希腊哲学家柏拉图从培养哲学家的教育目标出发，十分强调儿童的教育。古希腊哲学家亚里士多德从教育是国家头等大事出发，主张通过体育、德育和智育来促进儿童的和谐发展。文艺复兴时期的幼儿教育。强调儿童的早期发展和教育。其中，法国人文主义者和散文家蒙田强调儿童的心智和身体发展，提倡自然的和自由的教育。本章通过国外著名教育家对幼儿教育的理念阐述国外幼儿教育理念的发展。

1. 夸美纽斯

夸美纽斯是捷克杰出的教育家，他是世界上较早的提出早期教育观点的人。他主张所有儿童应受教育，提出普及教育。他把孩子生长发育分为四个阶段——婴儿期、儿童期、少年期、青年期，每期为六年，各阶段都有各自的教育任务。他十分重视早期教育阶段，认为0~6岁的儿童，必须在家庭中——母育学校中接受教育，为以后体力、道德、智慧的发展奠定基础。这一时期儿童所接受的课程是简易的实物课程。应教儿童认识石头、植物和动物，儿童自身肢体的名称和用途，辨识光亮和黑暗以及各种颜色；认识周围环境，如房间、农场等。他的《母育学校》一书，是世界上最早的学前教育专著。他认为教育时要注意适合儿童的方式。孩子是好动的，他的活动不应加以限制，最好是以游戏方式进行。他注重以玩具、图片教育孩子，还亲自为孩子编了《世界图解》这本书，这是历史上第一部看图识字的课本。他在教育理论发展史上做出了突出贡献。他撰写出版了《大教学论》，这是国外第一部比较系统的教育学著作，其阐述的基本教学原理，即一切教学必须依循自然的秩序，对后世的学前教育影响颇深。

2. 卢梭

卢梭是法国启蒙思想家、哲学家、教育家。他在《爱弥儿》中反对传统的封建教育，强烈批评封建旧教育不顾儿童天性的发展，抹杀了儿童与成人的区别，强调应当根据儿童的特点进行教育。他提出儿童期是"理性睡眠时期"。他主张儿童期要以感觉教育为主，在对儿童进行智力教育之前要先发展他们的感觉能力和充实他们的感觉经验。在活动中学习，让儿童完全自由地进行活动，通过各种活动，促进儿童感官的发展，丰富他们的感性经验并作为理性活动的基础。"多让儿童自己动手，少要别人替他们做事。"强调幼儿教育必须遵循自然。卢梭教育思想的核心是：顺应自然。卢梭以自然教育理论为依据，尊重、适应并促进儿童身心的自然发展，反对体罚，提出了"自然后果法"。卢梭确立的"以儿童为本位"的教育观，影响了后世的许多著名教育家和儿童心理学家，如裴斯泰洛齐、杜威、蒙台梭利等，促进了儿童观和教育观的巨大变革，实为开创新教育的一个重大的里程碑，极大地推动了近现代幼儿教育理论的发展。

3. 裴斯泰洛齐

裴斯泰洛齐是瑞士教育家，他认为教育者对儿童所发生的影响必须跟儿童的本性一致，要遵循自然，了解儿童的天性，不能压抑他们的自然发展。特别强调教育要适应自然的原则，即教育必须激发和发展儿童的天赋能力和力量（即心、脑、手的天赋能力）。裴斯泰洛齐是国外教育史上提出与实施"爱"的教育的最早代表。创办"贫儿之家"，用爱的力量去激励苦难中的儿童，培养儿童情感和合作精神，教劳结合，尊重儿童的个性和人格，发展儿童的自主精神，让他们在生活中自我服务。提倡"生活教育"，反对经院式教育，认为那样只会把儿童变为单纯的识字人。他主张大自然就是儿童的学校，生活就是儿童的导师。儿童应从生活中得到锻炼，只有当儿童的"心—手—头"协调发展，儿童才能成为"完整的人"。也即后来教育家推崇的"生活即教育"。"爱"的教育应该从家庭开始，因为他认为"母爱是教育的基本动力"。学校教育是促进儿童发展的第一阶段，是家庭教育的继续，是对儿童一生影响最普遍、最深刻的阶段。他主张"教育心理学化"，如直观性教学原则、循序渐进的原则、要素教育论等，都是从关注儿童心理特征的角度提出来的。他指出的和谐发展教育是德育、智育、体育和劳动教育全面发展的教育。加强人类发展的紧密联系，引出了儿童依赖社会的国家适用的概念。在依照自然法则对儿童进行有效的教育时，教师、学校领导、家长需通力合作，互相配合。裴斯泰洛齐和谐发展教育的理想，尊重儿童天性的教育原则，教育和劳动相结合的方式，教育工作者要以爱为基础的呼吁，还有他的教育心理学化和要素教育的主张都对学前教育的发展起到不可磨灭的作用。

4. 福禄培尔

福禄培尔是德国著名教育家，他的幼儿教育理念及实践主要包括以下内容：（1）重视人的早期教育。认为幼儿时期对人的发展非常重要，一个人对于自然、家庭以及社会关系的认识都取决于这个时期的生活。创办世界上第一所幼儿园，被称为"幼儿园之父"。他强调指出：他的幼儿园与以前幼儿学校机构不同，"它不是一所学校，在其中的儿童不是受教育者，而是发展者"。（2）教育顺应自然，认为人具有天赋的力量，对儿童进行教育，就是通过各种活动使这种内在的力量得到发展。他提出了儿童教育的四个原则：适应自然、发展、自动、发展儿童内部力量必须有外部的影响。（3）主张作业教学。作业是其幼儿园确定的一种教育活动形式。福禄培尔为幼儿设计了许多适合他们完成的作业，主要有绘画、纸工、拼图、垒小木棒、串联小珠等，还包括一些劳动活动，如组织儿童进行栽种等。他还强调发展儿童的感觉器官，扩大儿童对周围生活的认识，发展儿童的创造力和语言，养成儿童在同伴中过集体生活的习惯。（4）把游戏作为幼儿教育的基础，创造了多种游戏的方法，并为幼儿创制名为"恩物"的一套教育玩具。这套"恩物"的基本形状是圆球、立方体和圆柱体，作为儿童了解自然、认识自然的初步训练工具。

（二）国外学前教育的发展

19 世纪下半叶，福禄培尔的学前教育思想在国外的教育思潮中占据主导地位。20 世纪，随着科学技术的不断发展、人类思想的不断进步等因素，实用主义教育思潮产生，一些教育家纷纷提出自己的教育理念，并在实践中不断完善和发展。

1. 杜威

杜威是美国著名哲学家、教育家。他提倡从儿童的天性出发，促进儿童的个性发展，他认为传统的教育把教育的"重心"放在教师和教科书上面，而不是放在儿童的本能和活动中。他在批判旧教育的过程中提出"儿童中心主义"思想，即儿童是中心，教育措施应围绕着他们而组织起来，把教育的重心从教师、教材那里转移到儿童身上。从"知行合一"思想出发，杜威强调，学校应当把单纯的以知识为中心的教育转移到儿童的活动上来，依照儿童发展的程序，通过儿童运用他所学习的知识逐渐发展他的能力，直到他能教育自己为止。

杜威教育理念的精髓："教育即生活"、"教育即生长"、教育即为"经验的改造"。"教育即生活"主要关注的是正规的学校教育与社会生活及个人（儿童）生活的关系。杜威认为教育是生活的过程，学校是社会生活的一种形式。理想的学校生活应与儿童自己的生活相契合，满足儿童的需要和兴趣；应与学校以外的社会生活相契合，适应现代社会变化的趋势，并成为推动社会发展的重要力量。教师要把教授知识的课堂变成儿童活动的乐园，引导儿童积极自愿地投入活动，从活动中不知不觉地养成品德和获得知识，实现生活、生长和经验的改造。而要将此落于实处，就必须改革学校课程，把儿童本身的社会活动作为学校科目相互联系的中心。

"教育即生长"实质上是在提倡一种新的儿童发展观和教育观。他针对当时的教育无视儿童天性，消极地对待儿童，不考虑儿童的需要和兴趣的现状，提出了"教育即生长"的观念，要求摒除压抑、阻碍儿童自由发展之物，使一切教育和教学适合儿童的心理发展水平和兴趣、需要的要求。杜威的生长是机体与外部环境、内在条件与外部条件交互作用的结果，是一个持续不断的社会化的过程。尤其是，杜威要求尊重儿童但不同意放纵之，这是杜威与进步主义教育实践的一个重要区别，"教育即生长"所体现出的儿童发展观也是杜威民主理想的反映。

杜威的"教育即经验的改造"是指构成人的身心的各种因素在外部环境和人的主动经验过程中统一的全面改造、全面发展、全面生长的过程，即儿童在积极主动的活动中体验和获得各种直接的经验的过程。在教育过程中要充分尊重儿童的身心发展条件和水平，顾及儿童兴趣，提高儿童参与教育过程的积极性和主动性，同时要注意改善外部条件，以使儿童的经验更具教育价值。

2. 蒙台梭利

蒙台梭利是意大利儿童教育家、医生，研究残疾和低常儿童的心理和教育，曾在罗马开办"儿童之家"，是近代世界教育史上最有影响的儿童教育家之一。蒙台梭利所倡导的教育理念是教育不是为上学做准备，而是为未来生活做准备，其在教学法中强调两个主要的要素：一是环境（包括教具与练习），二是预备这个环境的教师。

蒙台梭利认为教育的目的在于发现儿童的"生命法则"，充分挖掘儿童潜能，提供儿童发展所需要的一切，使儿童的潜能在适宜的环境中得到最充分最自然的发展，在了解儿童的基础上促进儿童的全面发展。她强调要协助孩子自我发展，教育就是让儿童发挥他自身的生命潜能，通过自身的实际的活动来发展自己的各个方面。成人是孩子活动的协助者，成人不再是教导者，从教导者变成了一个协助者，避免无端地干扰孩子。

蒙台梭利认为环境是有生命的，是成人对儿童的使命清楚了解所准备的，这个环境包含儿童成长所需的一切事物的积极意义，同时也要将所有不利于儿童成长的事物加以排除。蒙台梭利认为孩子会自己学，因此环境的提供成为教育的一个重要因素，孩子要从环境中学习。因此蒙台梭利对环境的创设有基本的原则。成人要根据孩子发展的敏感期，为儿童创设适应其发展的环境。教具是孩子学习的工具，教具是让孩子认识生活、练习独立能力和建构人格的学习材料。蒙台梭利研究制作出许多教具，把生活、物体、现象当中的某些特征突出、孤立起来，让孩子去感知。当孩子具备感知、认识这些特征的能力之后，再把它回归到生活当中。这样，就把过去老师靠说教传授的东西转移到丰富多彩的教具当中，教具引发儿童的兴趣，儿童在操作的工作中自我成长。老师要根据儿童的需求，不断地制作新的教具。

她吸收了卢梭、裴斯泰洛齐、福禄培尔等教育家的思想，并以生理学、医学、心理学、人类学等科学为基础，多年不辞辛苦地对儿童进行连续不断的观察、研究及教育实验，划时代地阐述了对儿童自身发展的法则、儿童与环境、儿童与成人、儿童与社会发展关系的认识。她不仅在理论上建立了一套独特的学说，而且根据自己的学说开发了一系列符合儿童发展需要的教具。

3. 皮亚杰

皮亚杰是瑞士著名的儿童心理学家及教育家。他认为，为儿童确立教育的目的是社会的职责。他提出："教育的主要目标就在于形成儿童的智力的和道德的推理能力。"他认为，形成和发展儿童的认知结构，是教育的根本任务或最终目的。教育应配合儿童的认知发展顺序，符合儿童的年龄特征。在编制课程、传授教材的过程中要充分考虑到，不显著超越儿童现有的认知发展。以儿童为中心，大力发展儿童的主动性。皮亚杰认为儿童的认知能力不能是外烁的，只能从内部形成；教育必须致力于发展儿童的主动性，只有儿童自我发现的东西，才能积极地被同化。重视活动在教育中的作用。他认为认识的形成主要是一种活动的内化作用，儿童只有具体地、自发地参与各种活动，才能获得真正的知识。重视游戏在儿童（尤其是幼儿）学习过程中的作用。根据不同年龄阶段而安排不同的游戏。皮亚杰认为，对于学前儿童来说，无论何时，只要能成功地把初步的阅读、算术或拼读改用游戏方式进行，儿童就会热情地沉浸于这些活动游戏中，并获得真正有益的知识。重视儿童之间交往的教育意义。儿童间的交往有利于促进儿童认知的发展，有利于儿童养成批判性、客观性，摆脱自我中心状态。

皮亚杰毕生致力于儿童智力发展的实验研究，为 20 世纪儿童教育的发展提供了大量的实验资料和理论指导。20 世纪 60 年代后，皮亚杰的教育思想对世界各国的教育，特别是幼儿教育产生了越来越大的影响。受这一理论影响，欧美许多国家综合儿童兴趣、需要和认知特点的教育环境，兴起了"活动学校""活动课程""开放教育""视听教育""思维学校"等教育形式。他的著作影响较大的有《儿童的语言与思维》《儿童的道德判断》《儿童的智力起源》《智力心理学》《儿童心理学》等。

4. 维果茨基

维果茨基是苏联建国时期卓越的心理学家。他主要研究儿童发展与教育心理，着重探讨思维和语言、儿童学习与发展的关系问题。由于他在心理学领域做出的重要贡献而被誉为"心理学中的莫扎特"，他所创立的文化历史理论不仅对苏联，而且对其他国家的心理学产生了广泛的影响。他著有《儿童期高级注意形式的发展》《儿童心理发展问题》等。

维果茨基根据儿童概念发展的研究，提出儿童的"自发概念"和"科学概念"的发展途径不同，认为直接地教授科学概念是无效的，因此，儿童在有组织的教学中学习科学的基本原理时，他们在生活中的日常概念（自发概念）也要参与其中，才能使得儿童的认知结构发生变化。他提出社会性建构思想：一方面，要创造民主、鼓励儿童活动、交往的学校文化氛围，精心设计教室的环境，给学生提供可以用来进行智力活动的时间、空间和材料，以促进学生智力的发展；另一方面，应有目的地帮助学生学习同伴讨论的技能，以真正使同伴交往成为促进儿童认知发展的有效途径。

维果茨基在论教学与发展的关系时，提出"最近发展区"理论。他认为儿童有两种发展水平：一是儿童的现有水平，即由一定的已经完成的发展系统所形成的儿童心理功能的发展水平，如儿童已经完全掌握了某些概念和规则；二是即将达到的发展水平。这两种水平之间的差异，就是"最近发展区"。所以，维果茨基强调教学不能只适应发展的现有水平，而应适应"最近发展区"，从而走在发展的前面，最终跨越"最近发展区"而达到新的发展水平。维果茨基认为游戏是学前儿童社会相互作用的最重要形式。他强调游戏、认知和情绪发展的关系，认为游戏是发展过程的基础，原因在于游戏属于一种最近发展区内的活动。目前关于游戏对儿童认知发展的作用的研究，在理论上证明了维果茨基及苏联发展心理学将游戏作为学前儿童主动活动的思想，同时，进一步证明了父母和教师在儿童游戏中的重要作用，提醒教师和家长改变传统的让孩子自己玩的观念，主动参与儿童的游戏，并在适当的时机，以适当的形式对幼儿的游戏给予恰当的指导。这一点对学前教育实际具有重要指导意义。

（三）国外现代幼儿教育理念

20世纪60年代以后，在注重早期教育，尤其是注重对处境不利的幼儿实施补偿教育的社会氛围中，一些研究者开始把儿童发展的理论运用到学前教育领域中来，探索什么样的托幼机构课程是最有效的、最能促进幼儿（尤其是处境不利幼儿）的学习与发展的方案，由此形成了众多的课程模式。在美国，比较著名的有以皮亚杰的认知发展理论为基础形成的海伊斯科普模式，以进步主义教育理论为基础形成的瑞吉欧教育模式，作为开放教育的典型代表的银行街模式，以及在60年代以后在欧洲一些国家比较流行的华德福模式等。

1. 海伊斯科普课程

海伊斯科普是海伊斯科普教育研究机构的简称，由美国心理学家、佩里学前教育研究计划的主持人戴维·韦卡特于1970年创立。海伊斯科普课程是以皮亚杰认知发展理论为基础，主动学习是海伊斯科普幼儿教育方案的核心，其主导思想就是让幼儿在主动活动中学习并获得发展。

海伊斯科普课程模式注重儿童发展中的关键经验。在海伊斯科普课程中，儿童是主动的学习者，儿童的知识是在与外界环境的交互作用中获得的。根据创设的环境材料由儿童自己决定今天要做什么活动、要与哪些伙伴游戏。儿童可以尽情地表达自己的想法，支配自己的行动，这不仅尊重了儿童的兴趣和需要，更发展了儿童的独立性。另外，在海伊斯科普课程中，关键经验对儿童的发展至关重要。关键经验能够帮助教师理解、支持及扩展儿童的自我设计，能使儿童积累适当的经验并持续成长。关键经验为课程设置提供了方向。学前学校的关键经验包括主动学习、语言运用、经验和表征、逻辑推理、时间和空间等几个方面[1]。

① 朱家雄．从百老奥克斯学校看海伊斯科普课程［J］．幼儿教育，2001（9）．

海伊斯科普课程模式注重环境的创设。课程的具体内容反映在环境创设和材料的提供上，而且该课程特别注意物质环境的布置和各个区域材料的选择，强调环境及其材料必须引发指向关键经验的多种学习活动[①]。环境的创设不在于多么奢华、多么舒适，关键在于它能引起儿童的兴趣，能够让儿童动手操作，在儿童与其交互作用中获得发展。对于较贫困的地区可以就地取材或利用家庭废弃物等一些材料来为儿童创设学习环境。如何设置让儿童感兴趣的环境、让儿童有操作欲望的环境非常重要。因此，在设置教室环境时应注意，教室中所有的材料放在便于儿童使用的地方，并通过贴上清晰的标签来直接标明每一件物品，且告诉儿童材料使用的注意事项及材料用完后应放回原位。这样不仅教会儿童怎样使用材料，而且使儿童养成"物归原主"的良好习惯。

2. 瑞吉欧幼儿教育模式

瑞吉欧是意大利东北部的一座城市，自 20 世纪 60 年代以来，洛利斯·马拉古齐和当地的幼教工作者一起兴办并发展了该地的学前教育。数十年的艰苦创业，使意大利在举世闻名的蒙台梭利之后，又形成了一套"独特与革新的哲学和课程假设，学校组织方法以及环境设计的原则"。人们称这个综合体为"瑞吉欧·艾米利亚教育取向"。瑞吉欧的教育取向受到欧美主流的进步主义教育、皮亚杰和维果茨基等心理学家的建构心理、意大利学前教育传统及左派改革政治三个方面的传统影响。在这三者交互影响下，瑞吉欧教育理念诞生了。

瑞吉欧的首个教育理念是要走进儿童心灵。瑞吉欧的教育成就应该归功于这种"走进儿童心灵"的儿童观。他们还提出：当前的背景是幼儿的数量越来越少，几乎没有兄弟姐妹，又生活在充满新的需求、新的社会环

---

① 王春燕. 幼儿园课程概论［M］. 北京：高等教育出版社，2009：228.

境之中，过早地被卷入成人生活，经常变成一个过度情感投资的对象，束缚了幼儿的发展。另外，现代儿童更健康、更聪明、更具有潜力，更愿学习、更好奇、更敏感，更有随机应变的能力。他们对世界充满兴趣，渴望友谊。为此，瑞吉欧采用弹性课程，以儿童为中心，从儿童的兴趣和需要出发，不让孩子生活在成人的包围之中。在幼儿园中，教师必须尽可能减少介入，更不可过度介入，"与其牵着儿童的手，倒不如让他们靠自己的双脚站立着"。

第二个教育理念即"百种语言"：他们把文字、动作、图像、绘画、建筑构造、雕塑、皮影戏、戏剧、音乐……都作为儿童语言，归纳为表达语言、沟通语言、符号语言（标记、文字）、认知语言、道德语言、象征语言、逻辑语言、想象语言和关系语言等。鼓励孩子通过表达性（动作、表情、语言、体态等）、沟通性及认知性语言来探索环境和表达自我，认为儿童的自我表达和相互交流特别重要，是儿童探索、研究、解决问题过程中的基本活动。瑞吉欧经验显示："学龄前幼儿能够广泛运用各种不同的图像和媒介来表达，以及与他人沟通彼此的认知。"

瑞吉欧提出的第三个教育理念是"我就是我们"："我就是我们，代表一种通过人与人之间的互惠交流，达到超越个人成就的可能性。"以另一个方式来理解，幼儿与成人共存于社会文化和社会现实之中，并通过每日的文化参与发展自我。将幼儿的成长与发展处于整个社会背景之下，使个人与社会过程两者各自的作用以及两者之间的本质有更深切的理解；同时，这一理念还代表在共同分享中，每个人均可提出最好的想法，提升和加强团队间意见交流，并刺激新奇或出乎意料的事情发生，而这些是无法靠个人力量独自完成的。这种独特的看法虽然不是出于某些理论的指引，却是瑞吉欧教育取向在教育实践过程中对儿童的观察、了解及经验的总结，是与幼儿发展相关的实实在在的事实，是一种新的理念。

瑞吉欧还强调"互动关系"和"合作参与"。"互动合作"是瑞吉欧教育取向的一个重要理念，也是贯彻在整个教育活动过程中的一项原则。"互动合作"包括教师和学习者的互相沟通，关怀和控制的不断循环，以及教育活动相互引导的过程。瑞吉欧教育主张：儿童的学习不是独立建构的，而是在诸多条件下，主要是在与家长和教师、同伴的相互作用过程中建构的；是在特定的文化背景中建构知识、情感和人格。在互动过程中，儿童既是受益者，又是贡献者。互动存在于发展和学习之间、环境和儿童之间、不同符号语言之间、思想和行为之间、个人与他人之间（最重要）。这种对家长、教师和儿童互动、合作关系的看法，不仅使儿童处于主动学习地位，同时还加强了儿童对家庭、团体的认同感，让每个幼儿在参与活动时，能感受到归属感和自信心。

3. 银行街模式

银行街模式的创始人是米切尔。受到浪漫主义和杜威进步主义的影响，米切尔于 1916 年成立了教育实验处，此即银行街教育学院的前身。1919年，约翰森成立了银行街儿童学校（是银行街教育学院的实验学校）。1928年，拜伯也加入了该模式的研究。1930 年，教育实验处和其实验学校搬到纽约银行街 69 号继续发展。这时，该项研究被称为"银行街模式"。之后，该模式经过了一个由理论到实践的长期实验过程，对美国和其他国家的幼儿教育产生了重大影响。银行街模式旨在通过儿童和环境之间的互动以及儿童认知和情感之间的互动，进而促进儿童的全面发展，而不是单纯强调某一方面的学习。因此，该模式到 1971 年又正式重新命名为"发展—互动"模式。

银行街模式强调全人格发展的理念。银行街教育方案重视幼儿认识发展与情绪发展的统一，"在快速发展的社会中，知识是不断更新和变化的，而人的态度、情感则是相对稳定的"①，情感教育能促进幼儿个性的良好发展。为此，应把培养幼儿积极的情感、态度、认知的兴趣、探索欲望等作为教育的根本价值。幼儿阶段是良好习惯和健全人格形成的关键期，要从终身教育的角度出发，注重全人格的教育，促进"完整儿童"的发展。同时，银行街教育方案重视幼儿创造性的培养，这是全人格教育的重要组成部分。

银行街模式提倡个人价值与社会价值统一的理念。幼儿发展的个人价值，即内在价值，是指一种"人的教育"，重在唤起人之天赋，发展人之天性，开启人之智慧，目的是达到幼儿身心和谐的发展。社会价值，即一种强调工具价值的"人力价值"，就是通过教育塑造社会所需要的具体公民。为此，幼儿教育应该以发展幼儿内在素质和个性和谐为主要价值取向，但这并不是要忽视社会价值，因为幼儿首先是社会中的幼儿，必须发展幼儿的社会性。社会性是儿童本质的重要部分。银行街教育模式强调的就是个人价值和社会价值的统一，这主要体现在有意义学习和"社会研究"课程上。

银行街模式奉行社会情境性和文化适宜性的理念。银行街教育方案注重从真实的学习情境和社会生活出发，在社会背景中进行经验教学，通过幼儿与社会环境和他人的互动，构建一种个体与社会之间的和谐。同时，银行街教育方案注重结合本土文化资源，从幼儿学习和发展的社会文化背景出发进行教育，考虑到课程的文化适宜性。在课程实施过程中充分尊重不同主体的特定文化，将幼儿教育与课程置于与文化的联系之中，理解并尊重民族文化。

银行街模式要求家庭、社区和托幼机构共同参与。幼儿不仅是在托幼

---

① 徐明．试论面向 21 世纪幼儿园课程的价值取向 [J]．学前教育研究，2000（5）．

机构接受正规的学前教育，在家庭、社区等的教育同样对幼儿发展有很大的影响。只有家庭、社区和托幼机构共同参与，形成一种教育合力，才可以真正发挥教育的有效性。银行街教育方案专门成立了家庭中心，重视家庭与教师间的伙伴关系，并将其看作是让儿童获得安全感、支持其成长和发展的基础。银行街教育方案加强与社区的合作，因为只有接触"从'家'到'国家'各个单位的社会系统的运作与人的相互影响关系"①，以一个人、社区成员、公民的身份参与其中，才能了解真实世界的本来面目，获得所需的知识和技能。

4. 华德福教育理念

华德福教育是德国人鲁道夫·史代纳根据自创的人智学理论创建的。1919年，在德国创立第一所华德福学校。华德福教育，简单地说是一种以人为本，注重身体和心灵整体健康和谐发展的全人教育，体系主张按照人的意识发展规律，针对意识的成长阶段来设置教学内容，以便于人的身体、生命体、灵魂体和精神体都得到恰如其分的发展。华德福幼儿教育的哲学与东方的道德价值有异曲同工之妙，如重视家庭责任和报恩的美德、强调社会人际关系和谐、应对进退的合宜及共同合作的工作伦理。另外，还有对古圣先贤的师法与尊崇及遵循宇宙和自然法则的人生哲学等。课程设置是根据儿童不同阶段的意识发展，针对意志、感觉和思考，对儿童的身、心、灵、精神进行整体平衡教育，并结合儿童与生俱来的智慧和独特的个性本质，进行深层意识教育，协助儿童的智慧生成。华德福教育理念如下：

（1）启发幼儿无穷的想象力与创造力。不论是晨圈、轮舞、故事或布

---

① 简楚瑛，等.幼教课程模式：理论取向与实务经验［M］.台北：心理出版社股份有限公司，2003：429.

偶戏中，孩子们将每天所看、所听、所学到的，在脑中产生图像并转化到自由游戏中，从游戏中发挥无穷尽的创意。

（2）培养幼儿良好的语文表达的能力。人与世上万物不同的地方在于人能思考并清楚地表达自己的意见。语文，在人的大脑中需要经过一段很复杂的逻辑思考后才能显现。在幼儿园里，便是通过每日的晨圈、诗歌念谣等各种活动，来培养幼儿良好的语文表达的能力。

（3）提升幼儿良好的与人相处的能力。故事的情节常常使孩子们置身其中，生活故事可帮助幼儿意识到应该如何与人相处或有良好的态度。

（4）培养幼儿良好的节奏韵律的能力。唱歌时的呼吸，开阔孩子的胸腔。诗歌念谣的节奏韵律，就如同幼儿园中每日有规律的生活一样。规律又节奏的生活，使得身体健康平衡，让幼儿在学习时有精神并充满热诚。

（5）满足幼儿内在的灵性发展的能力。故事帮助幼儿满足内在对善美真的心灵追求，音乐使他们的感觉与灵性世界是相通的。教育即是艺术，艺术即是教育，学龄前儿童的健康发展是未来幼儿成长的重要基石。因此，为幼儿设置美好、安定、和谐的生活，使他们在身心上都得到充分的满足，才能有足够的力气继续向前迈进①。

三、中外幼儿教育理念的差异

由于历史、文化传统的差异，中国与国外各国经济水平也存在差异，所以教育也有着极为不同的发展背景，中国的传统教育表达的是对知识的静态接受，国外的教育则表达的是对知识的动态改变。中国的教育注重对知识的灌输和积累，注重培养学生对知识权威的尊重，注重对知识的掌握和继承，以及知识体系的构建。相比较而言，国外教育则更注重培养学生

---

① 　郭景云.华德福幼儿教育思想及对我国早期教育的启示［D］.河北师范大学，2013.

灵活运用知识的实际能力，注重培养学生对知识和权威的质疑和批判精神，注重对所学知识的拓展和创造。这两种教育表达了对待知识的不同态度。国外的幼儿教育理念认为，早教的培养目标是对幼儿早期心智的启蒙。中国的幼儿教育注重对于知识的积累和灌输，注重对于知识的继承，而国外教育注重培养孩子的自信、自立及对传统知识的批判。

中外幼儿教育理念的差异表现在很多方面。比如，面对如何评价孩子这一事件，中国人与国外人有着截然不同的思维方式和评价方式。中国人认为老师有着绝对的权利，学生对老师只有服从。目前，国内的大多数幼儿教育中，很多父母采取的是一种"打击式教育"，在这种教育方式下成长起来的孩子往往表现有共同特征：自信心不够强、内敛、迷茫、对外界的评价非常敏感。这其实与中国人的本性特征有很大关系，中国人的心理特征是内敛，不爱表现自己，尤其是当面对外人时，许多家长习惯性地批评孩子，认为这种批评是个人谦虚的一种表现，这个时候往往忽视了孩子的心理特点。而国外的幼儿教师尽量避免对孩子进行评价，既不表扬也不批评，其理由是，批评了你的孩子会刺激你的孩子，表扬你的孩子会刺激别的孩子。这种有关幼儿评价的观念与我们中国的传统观念是大相径庭的。

幼儿教育阶段儿童是以玩为主，还是以学为主，这一向是各国幼教工作者思考的问题。国外的幼儿教育和中国有很大的不同，还表现在国外幼儿教育者十分注重儿童的天性，玩的比重比较大，注重启发和引导孩子。幼儿园的教育中虽然也有常识、语言、美术等教学活动，但没有通用的教学大纲，也没有教材，具有较大的随意性。幼儿学习与否也是比较随性的。与国外幼儿园相比，中国幼儿园，尤其到了大班以后，明显地侧重于学，全国有统一的教育纲要，每个幼儿园有精细的教学计划和安排。

对培养儿童能力的方式的教育理念，中外也有差异。拿创造力来说，创造力是衡量人才质量的标准，是未来社会的发展与竞争力的标志。国外教育告诉学生学习是自己的事，让学生自己去想，想学什么东西，根据兴趣而学，学生一般学得主动、灵活、高兴。因此，国外的科学教育十分重视培养幼儿的探索能力，同样是教幼儿认识植物的生长，国外的教师偏向让幼儿亲自参加比较严格的实验过程。比如环保问题，幼儿园会让孩子从家里带一些环保的材料——塑料瓶、纸杯等，带到幼儿园后在老师的帮助下，将这些材料进行再利用，做成好看的玩具或者容器，让孩子明白环保和回收垃圾的重要性。再比如认识动物或者植物，老师会带领孩子到野外参观，让孩子亲自去观察各种植物的不同特性，去亲身触摸和感知大自然。这种科学教育超越单纯的知识传授，更重视让幼儿掌握科学探索技能和培养幼儿的科学思维、科学态度、科学精神。而中国的教师习惯于通过书本知识，告诉他们植物生长需要阳光、水分和肥料，这种情况会导致孩子在接受知识时不易形成一种批判性思维的方式，而简单地认为老师说的肯定是对的，久而久之，会限制孩子们的创造力发挥。因此，与国外幼儿园相比，中国幼儿园会显得非常稳重。国外的幼儿完全是玩乐的天堂，孩子不需要在上小学之前学习字母、音标。他只需要快乐就好，只要表现出自己的本性就好。

从对日常行为的规定也可以看出中外教育理念的差异。

表　国外某幼儿园对于幼儿园里所有工作人员的行为的规定

允许做的事情	不允许做的事情
对幼儿园中的所有人都要表示尊敬	责骂
对幼儿园中的所有人都要耐心	惩罚（包括推诿）
有礼貌	威胁孩子或成年人
愿意承诺	强迫孩子做不愿意做的事情
愿意寻求帮助	羞辱孩子或成年人

续表

允许做的事情	不允许做的事情
伸出你的手，弯下你的膝盖	大声吼叫
鼓励孩子们使用语言	充满感情地观察孩子而不只是和孩子玩
对孩子的任何问题都要回答	让孩子一个人
表现出兴趣	在学校里抽烟
表现出赞许	
保持教室的清洁	
做点心	
当幼儿需要换尿布时请找老师（家长不要给别的孩子换尿布）	

从这张表可以看出，国外幼儿园的日常生活中，所有人，包括教师、家长都是抱着极其耐心的态度在对待每一个孩子。尤其在对于大龄幼儿的教育中，如果教师发现有孩子不愿意听老师讲课，不会去斥责他，而是劝其离开，保证其他孩子在一个好的氛围内学习。强迫是国外幼儿教育中的最大忌讳。而国内许多幼儿园在这方面做得还远远不够。在家庭教育中，中外幼儿园教育的差异也是显而易见的。中国式家庭教育往往着眼于孩子将来是否有出息，能否找个好职业，能否在顺境中度过一生。若能给孩子创造最优越的生活条件，再苦再累也愿意。为此，父母在孩子成长过程中，在生活上进行无微不至的照顾，为了能让孩子成龙成凤，除了学习，什么都不让孩子干。尤其我们大多数家庭是独生子女，这种宠爱无疑使得孩子自立的能力与责任的精神日渐欠缺，甚至减退，而不少孩子更易于出现心理的疾病和性格的偏执表现。这样的结果才会产生现今社会中的高分低能的孩子的出现。当然，目前这种情况正在得到改善，很多中国家长已经清楚地认识到独子的家庭带来的一系列问题，并努力去改善。与此相比，国

外家庭的育儿观有很大不同，他们的着眼点在于培养孩子具有适应各种环境和独立生存的能力，在劳动和艰苦的环境中去克服困难，磨炼意志，发展自身的能力特长，并养成刻苦、节俭的好品质，孩子们很小就需要懂得父母的财产并不会完全遗留给他们，要过好的生活需要用自己的双手去创造。国外家长并不比中国家长更有耐心，也不是不如中国家长负责任。他们主要是认为儿童有他们自己的思维方式、做事方式，成人要接受、理解并尊重它们，这是教育的前提。

在幼儿课程目标的制定内容上，中外幼儿教育理念差异也得到体现。课程内容无论在广度、深度以及内容的组织上均有显著差异。国外的科学教育目标包括促进幼儿认知、情感、心理原动力的发展，发展幼儿的创造性、批判性思维、良好的个人品德表现以及拓宽的职业意识与性别角色。国外提出的幼儿科学教育的一般目标和特殊目标是比较全面和科学的。其中对发展幼儿创造性、批判性的重视尤其值得我们借鉴。另外，国外很大程度上是把科学知识的教学作为促进幼儿发展的手段而非教学的目的。我国幼儿园科学教育确定的课程目标是：开发幼儿的智力；丰富幼儿对自然和社会的粗浅知识，培养幼儿对自然与社会的兴趣和求知欲；形成对人与事物的正确态度。在教学方法方面，国外普遍使用发现法、探索实验法。而我国则普遍使用讲解、演示和让幼儿按指令操作等方法。举个很简单的例子，国外幼儿园中对五岁左右的幼儿一周会有几次和生活相关的课堂知识，如做面包或者姜汁饼干。在做饼干的过程中会使用很多的器皿和量勺，教师会让每个幼儿都去亲自摸下面粉、搅拌下姜汁，让幼儿亲自感受和使用各种安全的厨房用具。再如，国外幼儿园会在天气爽朗的时候带领幼儿出门观察花朵的颜色、小草的成长，让幼儿亲自去感受大自然中的种种动植物，并在这个过程中教育孩子保护环境的重要性。

中外文化背景不同，导致了不同的教育理念。中国是一个有着五千年历史的文明古国，经历了漫长的封建社会，传统思想在人们的脑海中根深蒂固。受传统观念的影响，子女负有彰显家庭、荣耀父母的职责，子女的前途决定了全家的命运。因此，中国家长非常重视孩子的培养，总是希望孩子能够比别的孩子优秀，成绩比别的孩子好，希望孩子能出人头地。国外和中国有着很大的不同，许多国家没有受传统思想的束缚，相比而言，国外更在意人的自由，更具有个性，更崇尚个人发展，实现自我，是一种"个人本位"观念，其教育是希望孩子具有独立的人格和个性，其着眼点在于培养具有适应各种环境和独立生存能力，即具有尊重、责任和智慧的良好公民。而中国传统的思想中，几乎不存在独立的个人利益，个人的利益是与家庭家族利益紧紧捆绑在一起的。家族的一切成员都是一个不可分割的统一体中的部分，子女背负着"光宗耀祖""光耀门第"的责任。而在国外的父母看来，孩子是一个独立的个体，是有能力的、积极主动的权利主体，有主动发展自己潜能的机会。他们在出生、成长、发育的过程中，是自主的行动者，能表达自己的主张和意见，充分行使自己的权利，父母尊重孩子的想法，让孩子自己去决定自己的事情，从不强迫孩子，对孩子的想法给予理解和支持。也正是因为这样的原因，所以国外教育到了孩子成人以后就基本结束了，孩子已经成长为独立的个体，具有独立的个性和经济能力，他们需要自己决定自己未来的道路如何走下去[①]。

四、中外幼儿教育理念的案例分析

不同的教育反映的是不同的社会发展阶段与文化内涵，也正是由于社会环境与文化传统的差异，才构成了不同国家、不同社会的教育差异。我们从案例及分析中，体会中外幼儿教育理念的差异。

---

① 黄黎黎 . 浅谈中美幼儿教育的差异［J］. 中外企业家，2011（2）：165-166.

（一）发生在中国、美国幼儿园的两则故事

在美国，曾发生过这样一个故事：

1968年，内华达州一位叫伊迪丝的3岁小女孩告诉妈妈，她认识礼品盒上"OPEN"的第一个字母"O"。这位妈妈听后非常吃惊，问她是怎么认识的。伊迪丝说是"薇拉小姐教的"。令人想不到的是，这位母亲立即一纸诉状把薇拉小姐所在的幼儿园告上了法庭。她的理由令人吃惊，竟是说幼儿园剥夺了伊迪丝的想象力，因为她的女儿在认识"O"之前，能把"O"说成苹果、太阳、足球、鸟蛋之类的圆形东西，然而自从幼儿园教她识读了"O"后，伊迪丝便失去了这种能力。诉状递上去之后，幼儿园的老师们都认为这位母亲大概是疯了，一些家长也感到此举有点莫名其妙。3个月后，此案在内华达州州立法院开庭，最后的结果却出人意料，幼儿园败诉，因为陪审团的23名成员都被这位母亲在辩护时讲的一个故事感动了。这位母亲说："我曾到东方某个国家去旅行，在一家公园里见过两只天鹅，一只被剪去了左边的翅膀，一只完好无损。剪去翅膀的被放养在较大的一片水塘里，完好的一只被放养在一片较小的水塘里。当时我非常不解，那里的管理人员说，这样能防止它们逃跑。他们的解释是，剪去一边翅膀的天鹅无法保持身体的平衡，飞起后就会掉下来，因此可以放在大水塘里；而在小水塘里的天鹅，虽然没有被剪去翅膀，但起飞时因没有必需的滑翔路程，也会老实地待在水塘里。当时我非常震惊，震惊于东方人的聪明和智慧。可是我也感到非常悲哀，今天，我为我女儿的事来打这场官司，是因为我感到伊迪丝变成了幼儿园的一只天鹅，他们剪掉了伊迪丝的一只翅膀，一只幻想的翅膀，他们早早地把她投进了那片小水塘，那片只有ABC的小水塘。"这段辩护词后来竟成了内华达州修改《公民教育保护法》的依据，其中规定幼儿在学校必须拥有的两项权利：第一，玩的权利；第二，问为什

么的权利，也就是拥有想象力的权利①。

　　某幼儿园，在一堂美术课上，老师说："春天到了，花都开了，小朋友们想一想会有哪些小动物在花丛里飞来飞去，你们把它画下来好不好？"小朋友们都开心地画着，有的画蝴蝶，有的画蜜蜂。放学的时候，孩子们都在门口等着大人来接，他们都把自己画的画拿在手里，想第一时间给父母看。这时一个小朋友看到妈妈来了，就兴高采烈地奔到妈妈面前，给妈妈看他画的小蜜蜂。可是他妈妈只瞟了一眼，说："你怎么没画蝴蝶呢，看人家画的蝴蝶多好看！"妈妈的话刚说完，孩子就耷拉着脑袋，一脸沮丧地说："小蜜蜂采蜜不也是很辛苦的吗？"

　　以上两个案例反映了两种不同的幼儿教育观，案例一，常人看来不合常理，最终却由于这位母亲对于幼儿天性的理解和尊重，使得幼儿爱玩、爱问的天性纳入了法律体系。而案例二，看似很平常的现象，最终却由于这位母亲对幼儿自然天性的不理解、不尊重，使得孩子信心受挫，甚至会影响孩子未来的学习。卢梭说："大自然希望儿童在长大以前就要像儿童的样子。"孩子有他们的世界，有他们对这个世界自己的看法，成人应该用心体会他们的需要，发现他们的兴趣，给予他们自由空间思考、想象。

　　可见，尊重幼儿的自然天性，顺应幼儿的自然成长，让幼儿成为学习的主人，让幼儿有兴趣地学习，成了幼教工作的理念和教育目标。当然，教育顺应幼儿的自然发展的天性并非在任何情况下完全让孩子自己做主，也不是让家长和老师进行完全的"放羊式"教育。真正的顺应天性的发展是在尊重幼儿身心发展规律的基础上进行符合年龄、性格特征的适宜教育。他们好动、好模仿、好奇、好游戏，他们喜欢被夸奖，喜欢游戏，喜欢成功。因此，有时适当的表扬比严厉的批评好。在20世纪40年代，班杜拉在

---

① 杨多奇．三岁看未来：十年亲子教育案例集萃［M］．北京：机械工业出版社，2010.

研究关于社会环境对幼儿学习的影响时，就发现幼儿通过观察他们生活中重要人物的行为和环境来学习。和谐的环境和好的榜样，会使幼儿在潜移默化中被影响。因此，成人必须主动营造一个好的学习和生活环境，并给孩子塑造一个好的榜样。比如，想要孩子养成读书的好习惯，父母在生活中最好有读书的习惯。

反观我们的传统文化，其中大部分则是鼓励要顺从听话，而不鼓励独立见解，鼓励中庸、随大流，而不鼓励竞争、冒尖，鼓励稳妥可靠，而不鼓励异想天开，鼓励儿童把成人的兴趣当作自己的兴趣，而不保护和激发儿童天性中潜在的兴趣和想象力。从这个意义上说，我们的应试教育也是阻碍想象力和幻想力发展的主要因素。在这种教育模式下，想象和幻想教育没有被放在应有的位置上，有很多做法束缚了儿童的想象力发展。

（二）"捣蛋大王"的表扬

我们班上的"捣蛋大王"程旭，平时他总有使不完的精力，把玩具扔满地，还会在上课的时候发出尖叫声，就是他所谓的动听歌声。对他我可是苦恼极了，不知该如何让他乖乖地坐着上课。所以，每一天的好心情一遇到他的捣蛋就会变成坏心情啦。

我园午睡后有喝粥的习惯，每次喝完粥，我都会叫上值日生和我一起收拾碗和勺子。这天，程旭跑过来问我："老师，我今天吃得好饱，我来帮你吧。"看着他可爱调皮的笑容，我同意让他提一个小一点的桶，他非要提大个的。我就顺口说了句："看不出，程旭还挺能干的嘛！"他羞涩地笑了起来。上课的时候，眼睛却认真地看着老师，还积极地举手，没有唱他的动听歌曲，也没有捣乱，我一连在全班幼儿面前表扬了他两次，他非常高兴。当他妈妈来接他的时候，他对妈妈说："老师今天表扬了我两次哦。"这是一个渴望被老师表扬的孩子，因为他平时给老师与小朋友添了麻烦，我没办法看着他捣乱还赞扬他。以后我每天都会及时表扬每个孩子细小的进步和优点。

该案例中每天安排值日生体验日常生活中如何独立，让幼儿成为独立自主的人。用表扬的方式让一个调皮的孩子专心上课，体现了要尊重幼儿的个体差异，平等地对待每个孩子。科学的儿童观一直是中外教育工作者不断探索的目标。在这个过程中我们应了解：幼儿不仅是个独立发展的个体，还是个需要健全发展的个体，他们通过观察来认识这个世界，通过模仿和体验来学习，他们从具体形象思维向抽象逻辑思维不断演变、发展。虞永平说过："儿童是独立的具有主体性的个体。"幼儿是独立发展的个体，尊重幼儿的权利，尊重幼儿的主体性，满足幼儿学习发展的需要的同时要注意幼儿发展的个体差异性。《幼儿园教育指导纲要（试行）》总则明确提出要尊重幼儿发展的个体差异，尊重的根本含义不是顺从、跟随，而是依据。要了解幼儿的个体差异，并以此为依据来实施幼儿教育。

（三）一位幼儿教师的支教感受

我们在一家幼儿园支教，那里每个班加保育员配备三个老师，一班有五六十名学生。每天午休以后，一个老师负责给女孩儿们梳头，另外两个负责给孩子盛粥，这是他们午间的点心。小朋友们要按秩序去端自己的那一份。

第一次去支教的时候，正赶上他们喝粥的时间。一个调皮的小男孩，把粥弄洒了，我们忙找湿毛巾给他擦，并让他去跟老师再要一碗。他不理我们，只顾看老师，其中一个老师用恶狠狠的眼神瞪他，并说："豪豪，你又不好好吃饭，你饿着吧！"然后，豪豪低下头也不说话。当时我和我的同学感觉很尴尬。

喝完粥，我们要正式上课了。为了让小朋友们安静下来，一位老师拿一根木棒在桌子上狠狠地敲。我们惊讶的表情引来了另一位老师的解释："这群孩子太皮了，不用这个方法不行。"

我在家准备的是剪纸蝴蝶手工课，上课需要每个孩子预备一把剪刀。可是那里的老师跟我说："剪刀不安全，所以一般手工课不用。"我说可以用安全剪刀。"人太多，安全剪刀也不安全啊！"所以，我只好用自带的剪刀示范性地剪了一下，然后把我之前画好图案的小卡片发下去，让他们回家跟爸爸妈妈一起完成。放学的时候，一个小朋友跑过来问我："蝴蝶老师，这个怎么剪啊？"我又耐心地跟她说了一遍。一会儿他的奶奶来接她，进来就问我："老师，今天又有哪些作业？"我说回去教她剪蝴蝶。老奶奶以为我跟她说笑，又说："写字还是算数？"我刚想说什么，正好一位老师过来，忙说："书包里的小本子上的五道算数题，您看着她做好。"老人家满意地笑道："好好好。"

第二次去支教，小朋友没了新鲜感，不像第一次那么乖，课还没上一半，整个教室就变得乱哄哄的，我试图让他们安静一下，但是不行。这个时候，旁边的老师又拿起了那个木棒，狠狠地敲了几下："闭嘴，听新老师给你们上课，豪豪，你又在干吗呢？"在老师帮忙维持纪律的情况下我上完了余下的十几分钟。

第三次去支教，我准备了手语舞蹈，伴着音乐，小朋友特专注地跟着我一起做，整堂课效果特别好。

第四次去支教，我和我的搭档准备的是户外体育游戏，结果他们说人多不好组织，还是就在室内上吧。于是我想把上次的手语歌教他们唱。虽然过了两周，但是明显感觉他们有一点不耐烦，不想学重复的。我也显得很无能为力，期盼快点下课。

案例反映了现阶段一些教师的观念：幼儿教育就是小学教育的复制，要想年终评估得到好的结果，就得要迎合大部分家长的要求。可以看出，幼儿被成人看成"小大人"，他们被迫学习拼音、识字、计算，要为以后的学习打好基础，没有欢乐的玩耍时间。这种教师观的形成，家长是推手，幼儿园不是天天来做游戏的，是来学习知识的，不能让孩子输在起跑线上，殊不知长期处于读、写、算的状态中会扼杀孩子的想象力。

关于幼儿教师观的讨论：

1. 幼儿教育重在引导幼儿探索和体验，而不是像小学教育那样传授基础知识。幼儿喜欢自己去看、去听、去摸、去闻，用全身的感官去体验新事物，只有用引导的方式才能调动幼儿的所有器官，才能让他们对教师的活动更感兴趣，活动才能有进行下去的可能。

2. 幼儿教师是知识的传授者，是活的教材，在活动的过程中，要根据幼儿的兴趣适时地调整课程方案。传统的幼儿教育中，语言、社会、数学、健康、音乐、美术、科学等领域都有专门的教材。老师上课按照课本教，自上而下的灌输方式，机械的死记硬背忽略了儿童个体发展的差异和特殊性需要，培养出的儿童将缺乏个性和创造性。

3. 幼儿教师并非权威的纪律管理者，而是和蔼亲切的朋友。

4. 幼儿教师是儿童习惯培养的引导者，是和谐环境的创设者，是幼儿活动的参与者。

02

中外幼儿教育环境的比较

环境教育是一种全面的终身教育，是可持续发展的教育，应从幼儿教育开始。幼儿环境教育既要符合幼儿身心发展的特点，又要有先进的教育理念做指导，培养幼儿可持续发展的环境价值观和态度应是幼儿环境教育理念的价值追求。

一、中国幼儿教育的环境概况

影响孩子教育的因素主要有遗传、社会文化、家庭环境等。遗传因素对儿童的成长起着很重要的作用；社会文化是帮助孩子认识世界，给心理发展定道路的引路者。孩子通过社会文化了解知识，明白道理；家庭环境则对孩子心理发展过程起着重大的作用。可以说，社会环境和家庭环境对幼儿教育影响很大。

（一）中国幼儿教育的家庭环境

蔡元培说过："家庭者，人生最初之学校也。"父母是孩子最初也是最重要的老师，父母的言行举止、道德品质在日常生活中潜移默化地影响着孩子。"生活即教育"，杜威认为最好的教育来源于生活，孩子应从自己的生活中学习。关于家庭教育的定义有两种：第一种是传统的狭义的，即指在家庭生活中，由家长、家中长者对其子女及其他年幼者实施的教育和影响。第二种是广义的，应当是家庭成员之间相互实施的一种教育。家庭教育对于孩子的身心发展和社会文明有无法取代的作用。

有专家认为，我国儿童的心理发展普遍存在两大缺陷：一是创造力低于计算能力；二是对长辈及他人的施爱行为反应迟钝、冷淡，共处能力差。据全国 22 个城市的调查发现，儿童心理行为问题的检出率为 12.97%。上海精神卫生中心对上海市 3 000 名 4～6 岁儿童的心理调查发现：88% 的儿童有不良行为，11% 的儿童情绪抑郁、自卑，8.5% 的儿童忧虑、紧张。儿童的心理行为问题不仅影响其生长发育和社会化程度，还可能导致其成人期适应不良、违法犯罪和精神障碍。因此，儿童的身心健康和发育成长，已成为家庭教育关注的焦点，为其创设健康、积极、民主的家庭教育环境具有十分重要的意义，但由于各方面的原因，幼儿家庭教育仍存在不少问题亟待解决。

1. 缺乏正确的教育理念

当今，一些幼儿家庭教育表现为明显的"重智育、轻德育"的倾向，这是一种错误的教育理念。市场经济的发展，体现了高度竞争性，知识经济的兴起，强调了知识的作用。家庭顺应时代的发展，可以适当地加大智力投入，但不能片面地强化智育，夸大智力的影响力。许多家庭在幼儿的家庭教育理念上步入重智轻德的误区，呈现明显的功利色彩。他们望子成龙、望女成凤，一味关注幼儿的智力开发，不惜花费大量的精力、财力和时间，对幼儿进行识字、画画、声乐等方面的培养，而忽视幼儿的品德教育、劳动习惯的养成以及自立性格的塑造等。这样做，对幼儿心身的健康及成长十分不利，可能从小就埋下性格缺陷的种子。而且，有失偏颇的"重智育"的教育理论还可能因没法达到预期的结果而产生不良的影响。家长们本意是要对幼儿进行"智力开发"，事实上经常仅仅停留在"灌输知识"的层面，对幼儿智力开发无益。虽然智力经常是通过掌握知识而形成与发展的，但是，幼儿真正能够掌握的知识和能力由于其自身认知水平的限制，显然是十分有限的，而且一旦幼儿对"灌输的知识"产生厌烦，对其日后的智力发展更是适得其反。

2. 缺乏良好的教育方式

幼儿家庭教育缺乏良好的教育方式的现象比较普遍，主要是溺爱式与专制式。众多的独生子女家庭结构呈倒"金字塔"式，必然对幼儿百般溺爱，衣食住行，大大小小事务，一概包揽。家庭的溺爱直接造成幼儿"以自我为中心"的膨胀，或目空一切、胆大妄为，或性格孤僻、胆小退缩，缺乏应有的自理能力和自制能力，难以健康成长。有的幼儿家庭教育则相反，只有一个，家长们出于"好好管教"的用心，信奉"不打不成才"的古训，从幼儿时代，"严格"要求孩子，甚至于虐待儿童。在家庭教育中，认为幼儿无所谓独立人格、自尊心，家长总是高高在上，权威在手，说一不二，专制式地对孩子进行管教。孩子只有单纯服从，出现差错，非打即骂。这样的教育方式，置幼儿于完全被动的地位，家庭缺乏宽松的环境，自然无法形成健康的心态，最终会导致孩子自卑，心理不健康。

3. 缺乏健康的家庭教养环境

幼儿家庭教养环境，包括硬环境与软环境。前者是指家庭生活的环境、幼儿游戏环境、全家一起活动等设施型的条件，这方面随着生活水平的提高在不断地改善，一旦产生，较为固定；后者主要指家庭成员在家庭日常生活中的言行举止等对幼儿的潜移默化的影响力，可操作性强。家庭教养环境对幼儿的成长产生深刻、持久影响的主要是指后者。当前一些家庭存在着"环境污染"：电视、录像、音响，让幼儿耳濡目染了声色暴力；有些家长沉溺于"方城"，洗牌声、吆喝声、笑骂声夹杂，乌烟瘴气，幼儿处于自由放任当中；有些家长忙着做生意赚钱，疏于管教，经常用钱应对幼儿的要求；有的家长经常争吵，甚至大打出手……这些恶劣的家庭环境，幼儿在言行举止中会直接模仿，而且"看在眼里、记在心里"，对幼儿健康成长产生不良的久远影响。

在现实中，和睦幸福的家庭的孩子积极向上、活泼乐观、人格健康；反之，孩子性格常常偏激、仇恨、压抑，人格残缺。家庭成员之间的关系良好，家庭的气氛一定温馨祥和，十分宽松，必然是幼儿健康成长的"温床"。

（二）中国幼儿教育的社会环境

幼儿社会交往活动、幼儿社会生活系统共同建构的相对稳定和统一的社会规范与价值标准是幼儿社会环境教育的两个基本要素。我国幼儿社会教育作为幼儿全面发展教育的重要内容之一，近年来有了长足的进步，但社会教育的现实状况仍然存在问题。

1. 将社会教育简单化、表面化

我国目前的幼儿社会教育目标多是以灌输式的口吻提出来的，如"认识""懂得并遵守""使知道"等，这就无形中把幼儿推到了被动的地位。我们知道，幼儿社会教育是以发展幼儿的社会性为目标的，而幼儿的社会性发展是一个双向的、互动的过程，是发生在幼儿与其生活环境的相互作用中的。幼儿不是被动的个体，而是社会活动的积极参加者。幼儿社会性发展不能被简单地视作幼儿接受集体生活规范的过程，而应是一种以幼儿主动的和创造性的方式参与社会生活、丰富和发展自己的个性的过程。像现在这种做法，由于幼儿的主体性体现得不够，发现、探索、亲身实践、思考的成分过少，其后果必然导致幼儿只知其然，而不知其所以然，或仅仅通过教师的传授知道一些道理，但很难达到真正理解、内化的程度，导致幼儿社会认知的表面化、社会行为的不稳定化、社会体验的虚假化等。

2. 忽视对幼儿社会态度的培养

社会态度是由认知、情感和行为意向三个因素所构成的心理结构，是人们对人、对事、对己的一种喜欢或不喜欢的评价，并在他们的信念、情感和倾向性行为中表现出来，社会态度在社会教育过程中起着极为重要的作用。一个对社会环境、社会现象、社会中的人抱有积极态度的人，极易产生情绪情感上的共鸣及积极的社会行为，因而，注重幼儿社会态度的培养会使教育达到事半功倍的效果。现在幼儿园的社会教育过分强调知识性、规则性、外显性，不重视对幼儿社会态度的培养，没有从培养幼儿对社会环境、社会现象、社会中的人的兴趣，喜欢参加力所能及的一些社会活动等内部心理因素入手，这会极大地影响社会教育的效果，使其内化性、长期性、一致性受到很大影响。

3. 社会教育的整体性、随机性体现得不够

社会教育应是一个整体教育，存在于幼儿园、家庭、社区等方方面面。目前，我们的幼儿社会教育基本局限在幼儿园，对家庭和社区的教育资源整合得不够，各种教育资源之间不能够协调地发挥作用。随机性教育是幼儿社会教育的一个重要特征，但目前我国幼儿园社会教育仍过分强调计划性和系统性，教师基本上按照预先制订的课程计划、目标、内容、进度进行教育，幼儿就是在教师的引导下，像计划中预想的那样，"参与"一番，"活动"一番，导致在社会教育实践中，重视专门的教育活动，忽视其他生活环节或潜在的影响（包括教师本身一些不利于幼儿社会性发展的因素），使幼儿社会教育的实践性、迁移性、强化性、榜样性、一致性受到很大的影响，造成社会教育与幼儿社会性行为相脱节的现象。

4. 幼儿社会教育某些目标及内容起点、要求偏高

目前，我国幼儿园社会教育的目标及内容存在起点、要求偏高的问题，影响幼儿社会教育的成效。以社会情感教育为例，现在的社会情感教育是从爱他人开始的，而且是要求式的，没有给幼儿产生这种爱的一定的空间；有时，恨不得通过一次教育活动就达到教育目标。实际上，一个人要想做到真正爱他人，需要从爱自己、爱自己的亲人和周围的人做起，要了解所

爱的人和自己的关系，知道为什么要爱他人，还要有一个切身感受的机会，而这正是我们目前教育中所缺乏的。

5. 对幼儿个性品质的某些方面重视不够

目前，我国幼儿园社会教育虽然关注了幼儿个性品质的发展，但在实践中对幼儿个性品质的某些方面重视还不够，如对幼儿的自信心、自我判断力、自主性、承受挫折的能力、责任心等重视的程度都不够。尤其是后三者，在目前幼儿园的各级各类教育目标中很少提到，即使有所涉及，也没有切实可行的落实方法。而个性品质是个体发展的重要内容，尤其是随着科技的进步和文化的发展，社会对人的素质的要求越来越高，教育特别是社会教育在促进人的个性发展方面的作用越来越重要，而幼儿个性品质的欠缺，将影响其一生的发展。

以上均为目前我国幼儿社会教育的突出问题。幼儿社会教育不仅要从个体心理发展的角度出发，同时要考虑儿童所处的社会系统中各种因素的影响。幼儿园要为幼儿提供适宜的社会交往生活，同时主动寻求、建构社区关系，争取对幼儿社会教育的广泛支持。

二、国外幼儿教育的环境概况

利用环境来教育儿童，是现代幼儿教育的一项革命，也是一大进步。世界上幼儿教育发展先进的国家，如德国、法国都非常重视幼儿环境的创建。国外各国利用环境的力量来促进幼儿的发展，使幼儿在与家庭环境和社会环境的接触中吸取环境中的养分，分享人与人之间的爱与关怀，保持心理的平和与宁静。

（一）国外幼儿教育的家庭环境

社会发展至今，一些发达国家的经济政治文化水平已经得到大幅提升，人们的物质生活水平也得到发展，儿童的生活环境得到巨大改善，教育水平也提高很多。但是经济科技的发展对整个社会也带来一些问题，人们的生活越来越简单方便快捷，对于机器的依赖程度甚至超过了家人，家庭关系日渐松动，家庭观念渐渐淡漠，独身主义广泛盛行，离婚率日渐攀升，孩子没有温暖完整的家，极端情绪不断增长，生活颓废，犯罪现象日益严重。但是在国外也有不少重视子女家庭教育的，如培养孩子独立自主地生活，平等礼貌地待人，等等。

国外家长普遍认为，家是每个人生活成长的摇篮，是人生经历开始的地方，家庭的氛围和成员的品质直接影响一个孩子的成长，影响孩子世界观、人生观、价值观的形成。孩子从出生的那天起就是一个独立的主体，有独立的意愿和个性。即使家长也没有特权去支配和限制他们的权利，在大多数情况下不会替代孩子做选择，而是使孩子感到他们是自己的主人，甚至在什么情况下说什么话，家长都要仔细考虑，尊重和理解孩子的心理。并且他们一般相信孩子具有自我反省和教育的能力，孩子要自己劳作，自己生活，从劳动中获得快乐，从劳动中学到知识，学习各种技能。只要孩子自己能做到的，家长都会让孩子自己去做，这是对孩子的尊重。同时也培养孩子的独立意识和自立能力。在这些家长的眼里，他们更注重孩子的自由发展，努力把孩子培养成能够适应各种环境，能够独立生存的社会人。他们的家庭教育的出发点是把孩子培养成富有开拓精神，能够自食其力的人。而不是在孩子很小的时候，就很煞费苦心地设计他们的未来而束缚孩子自身的发展。

国外社会和家长都认为孩子的发展以他们的自由发展为主，因此，国外幼儿教育更能够以个性独立发展理念顺利地进行。他们在幼儿教育中注重对孩子自身的锻炼，无论是在课堂上还是课外，他们都注重培养孩子的独立生活的能力，如让孩子认识劳动价值，让孩子自己动手做一些小事，在这一过程中逐渐锻炼了幼儿。

（二）国外幼儿教育的社会环境

国外教育对个人主义价值趋向和个人能力的培养十分重视。这种观念和他们的文化背景很有关系。在国外资本主义和个人主义至上的社会背景下，鼓励社会中的各个公民进行奋斗并获得个人自我价值的实现，以此来推动全社会的发展进步。社会的各个领域内，社会成员为生存发展产生的竞争是非常激烈的。对任何社会成员来说，自信心、独立的工作能力和创造能力都是其生活事业取得成功的先决条件，都是实现其人生价值的先决条件。为了适应资本主义社会的现实，特别强调个人价值观的实现，在这个先决条件的指导下，国外教育特别重视对学生的创造能力和个人自我价值观的培养。因此，在幼儿教育理念中则着重强调了对孩子个人能力的培养，使孩子朝综合素质方向发展。

以德国为例，德国的教育体制较为完善，其"生态社会市场经济"发展良好。德国之所以有效地兼顾了经济效益和生态效益，环境教育体制的完善起到了关键的作用。德国社会环境教育体制特点如下：

（1）家庭教育、学校教育和社会教育相统一。通过形式多样的教育，学生不仅了解了许多生态学知识，树立了正确的环境价值观，而且提高了有效参与环境保护的技能。

（2）创新教育和实践教育增强环境教育的实效性。在德国，按照《与孩子共享自然》一书进行的模拟游戏，开发学生对某些环境问题的生态内涵的认识，使学生获得较强的分析和解决问题的能力。

（3）社会环境教育机构队伍健全，职责明确。环境教育行政管理机构主要职责包括培育和支持环境教育项目，支持和推广环境教育示范教学、教材和中小学以及其他社会成员的环境培训项目等12项。规定成立环境教育和培训基金会，以鼓励公众和个人在环境教育和培训方面的合作。环境实习生和研究人员补充了环境保护人力资源、优化环境保护人力资源结构。

（4）社会环境教育经费投入渠道多元、稳定。

（5）社会环境教育项目管理严格。

三、中外幼儿教育环境的差异

1. 家庭教育倾向不同

中国父母重社会化，轻儿童成长。中国父母十分重视社会影响的教化，但却常常忽视了从孩子达到身心发展的特点出发来促进其成长，他们往往按照既定的模式培养子女，为他们的成长铺设"康庄大道"，外铄各种品行于子女。国外父母更重视为子女提供一个可以为之抗争的成长环境，并养成他们坚韧的个性和良好的品行，根据社会的变化和子女身心的特征不断地调节，选择自己的培养观念和方式。

2. 家庭教育价值观不同

中国家庭教育职能是为中国传统文化所强迫，传统中国几千年的儒家文化强调修身、齐家、治国、平天下。在此家国同构的思维定式中，家庭教育被赋予直接的社会意义。此外，中国传统的文化又将父母教育跟子女的个体成长与成就看作是直接相关的因果。中国父母十分看重人们对他们的教子方面做出的毁誉，认为教子成才是他们的成就，而教子不善则脸面无光。教育是为了脸面，为了谋生。国外家庭教育则认为教育的目的不是准备谋生，而是准备生存。他们所强调的"博雅教育"具有一种塑造心智的价值，一种与功利的或职业的考虑无关的价值。

3. 家庭主题观与教育的相互性不同

中国传统的家庭文化因袭这传统的模式，表现在家庭内部的权威意识，强调服从和尊重，重视外部控制。中国父母的家长意识十分强烈，他们把孩子视为自己的私人财产，看作是自己的附属物，因此十分看重他们单方面的塑造，影响孩子的个性构造。他们注重自身的形象，忽视了孩子与成人的相互作用，忽视了相互影响的过程和全面性，使幼儿处于被动地位，无视幼儿个体的存在。国外文明是以儿童为主体的，更强调个人的奋斗，强调平等民主并尊重个人权利。国外父母把孩子视为家庭中的平等成员，尊重孩子的人格和尊严，能让孩子独立思考，自由选择。他们尊重孩子的权利，不搞强迫教育，尊重孩子的个性发展，主张孩子的天性发展、自然发展。父母的责任只在于发现并引导孩子的兴趣和潜能，为孩子创造有利的环境，重视与孩子的交流，重视教育的相互性。国外家庭教育中的父母不是孩子的主宰，而是孩子的朋友。

4. 家庭教育中的情感教育与体罚

中国家庭中反复出现的字是不、不能、不行、不要，中国集体教育除了用否定词来指导孩子的行为外，还习惯把自己的意识强加给孩子，这都是家长权利色彩的体现，这样生冷的命令使得情感教育受阻，而不打不成才、棒棍底下出孝子更使得情感教育难以强化。国外家庭教育中经常用鼓励性的语言来表达父母对子女的赞赏，国外父母更注重个人素质与情感交流。家庭主要围绕情感的构建与培养而展开。他们会挤出时间与子女交流，倾听孩子的心声，强调心灵的沟通。在国外，体罚也是触犯法律的。另外，国外父母很高兴在别人面前夸奖自己的孩子，他们认为这样可以培养孩子的自信心，而中国谦虚的作风使家长不愿意这样，他们认为会使孩子骄傲，他们更倾向于挑剔孩子的弱点。

5. 家庭教育中的独立意识教育

中国家长在教育上所持的价值是为升学而学习，他们只要求孩子用心学习，其余全不用过问，促使子女全面发展的意识薄弱，使孩子不能全面发展，中国父母完全把孩子拴在自己身上，教育责任心超重，家长角色无限延伸，代替孩子一切日常生活的安排，代替孩子的个人想法，使孩子成为依赖的个人，独立性极差，除了学习什么也不会。这样的家庭全方位打包下，使孩子一旦失去这种依赖、帮助将会不知所措。国外父母注重从小培养子女的独立意识。在国外家庭，孩子像大人一样，大胆地发表自己的意见和见解，参与家庭的讨论，自己的事情自己处理，孩子自己有选择的权利，父母对孩子不随便排斥。他们让孩子自己在各种环境下锻炼，使孩子敢闯敢干，敢冒险，敢表现自己。让孩子从小学会生存，具有强健的体魄、吃苦耐劳的品质和良好的心理素质，这样独立的个性使孩子走向社会更能拼搏和奋斗，更能适应社会和在社会中发展。

6. 社会教育的重心不同

中国传统文化十分重视生命、人伦，所以中国父母在教育上历来以道德作为最高价值取向，中国人心目中的好孩子首先是一个懂事听话的孩子，是指向群体的，人见人爱的。所以家长培养孩子修身养性，自我收敛，讲求含蓄，强调等级观念。国外文化重视的则是知识，家庭对儿童主要是启发对大自然的好奇心与想象力。知识的创造来自好奇心，所以借由对大自然的兴趣，借由各种天马行空的童话故事，让孩子们具有广大的想象学的空间，他们以儿童的心理发展作为最高指向，培养孩子的兴趣和创造力是国外教育的重心。

7. 社会教育中理财教育的不同

中国人的君子作风是淡泊名利。"君子喻于义，小人喻于利"的思维定式使中国父母根本没有理财教育的理念。在中国，挣钱养家和管理钱财是大人的事，孩子离这些还很远，他们没钱便伸手向父母要，即使是成家立业后也是可以的。中国父母总是无偿地向子女提供钱财，一味无条件地满足子女的花钱要求，放纵孩子过分的消费欲望。在国外，特别是在美国，理财教育是家庭教育的一个分支，对此尤其重视。国外父母一般不会无条件地给孩子钱，而是定期发给孩子一份固定基金，并帮助孩子树立正确的理财意识，养成良好的理财习惯，还注重对金钱基本品质的培养。国外父母教孩子制订预算计划，学会合理地花钱；鼓励孩子出外打工，靠自己的劳动获取收入；教育孩子储存钱财，不乱挥霍；鼓励孩子学会捐赠，帮助他人；教育孩子在金钱面前应当诚实，金钱面前要有自尊；简朴节约是美德；正确决策，把握理财机遇，乐于为别人服务。

8. 教育方法不同

中国传统教育方法是照本宣科的灌输式教育，强调死记硬背。中国家长最喜欢看到孩子坐在书桌前，或摇头晃脑地背诵，或趴在书桌上学习。眼不离书，手不离本，"两耳不闻窗外事，一心只读圣贤书"，把古人的知识、经验，一股脑儿全装进肚子里面，对于消化不消化则不闻不问。国外更强调孩子的"悟"。他们喜欢让孩子亲身经历，去大自然中，在生活中探求知识。他们寓学习于多种形式。国外家庭有专门的手工课和游戏室，他们不认为玩和学习是对立的，更鼓励孩子出去学习，更注重孩子的思考能力。家长会主动带着孩子去探求大自然的奥秘，去认识社会，他们奉行杜威的"教育即生活""学校即社会"，鼓励孩子去图书馆、博物馆阅读自己感兴趣的书籍，并参加社会实践。

四、中外幼儿教育环境的案例分析

1. 营造民主宽松的家教环境

最近孩子们在学着写数字 1~10，我利用离园前的一段时间，让幼儿练练这几个数字。这时家长陆陆续续来接孩子，小杰刚要把本子交给我，他妈妈就拉住了他："给妈妈看看，你写得怎么样？"她一翻开本子就吼了起来："你这写的什么呀？乱七八糟的！重新写！"说着拿起橡皮把所有的字都擦掉了。小杰噘着小嘴，又拿起了笔，小心翼翼地开始写起来。妈妈在一边不停地指导着。稍有差错就擦掉重写。写到5的时候，小杰总是写不好弯勾，妈妈又在一旁吼起来："你怎么这么笨啊！你看人家超超写得多好啊！"孩子委屈地继续写着，时不时抬起头看看妈妈眼中是否流露出满意的眼神，生怕得不到认可。"弯过来的时候要碰到右边的格子嘛！看看老师是怎么写的！"说着，她又拿起了橡皮。孩子终于忍不住了，"哇"地哭了出来："妈妈，我不会写。"当妈妈再要求他写的时候，他再也不肯拿起笔，只是哭着说："我不会，我不会。"

案例分析：孩子是祖国的未来，父母的希望。在家庭中，家长无一例外地对自己孩子的将来有所考虑和期望。望子成龙，望女成凤。很多情况下，父母的殷殷期望化作了孩子向上奋进的动力。而有时，过高的期望会化为孩子肩上沉重的压力。本案例中的这个恨铁不成钢的妈妈就是过分干涉、限制了孩子的言行，非得让孩子按父母的认识和意愿去做，不能超越父母的指令，这会使孩子缺乏思维的批判性，做事没主意。孩子是不断地成长的，也许今天不能做的事，明天就能做了。她不了解孩子的年龄特点，不了解孩子的发展水平，以成人的标准去要求孩子，操之过急。家长的责任在于不断地发现孩子做事情的能力，培养孩子做事情的能力。可是她过高的要求却使孩子对自己失去了自信，在一次次的否定中，孩子也误以为自己就是差的，就是笨的，导致最后不敢再尝试。这就形成家长的过高期望与现实的落差。

2. 让孩子和环境互动，让孩子更加自信

案例背景：在"我们都是好朋友"主题中，孩子们学到了很多具有教育意义的故事，如《朋友船》《快乐公寓》《孔融让梨》等，他们都很喜欢。午饭过后，总能看到他们拿着书认真地在讲这些故事，于是，我发出倡议，回家把故事讲给更多的人听，请他们记录下来，布置在走廊上，作为一个故事展区。

案例描述：

在我倡议后的第二天，我收到了很多很多孩子带来的故事，我一张一张翻过去，发现有一个孩子故事画的是《朋友船》，一看名字是小玺同学，他是我们班语言发展较弱的孩子，平时课堂上很少发言，也不是很专心，打心眼儿里没想到他也能把故事的大概内容讲出来，于是，我把他请到前面，大大表扬了他，之后他说："老师，我的故事也可以布置在走廊上吗？"我摸摸他的头说："当然，可以！你有进步了，你很棒！"晚上放学时，我看到他拉着妈妈的手，高兴地说："妈妈，我的在这里。"

案例分析：我通过观察，发现孩子们的兴趣，结合了孩子的兴趣，通过孩子、家长、老师的三方合作，把故事以文字的形式来展现，从这个孩子的言行来看，可能他不是很优秀，但他也希望得到肯定，而我把故事用文字的形式来展现，其实，就是对孩子的进步和能力的肯定。在这个过程中，不仅能让家长感受到孩子的成长和进步，同时孩子也从自己的作品再现中体验到成功的快乐！用孩子们的作品来创设环境，不仅让孩子和环境互动，还能增强孩子的自信！

3. 插班生入园适应案例：从哭泣到微笑

妍妍是我们班这学期新插入的一位幼儿，也就是说，她所要面对的不仅仅是新的班级、新的小朋友，还要面对新家周围的新环境、新的语言。刚开学，妍妍的奶奶就和我打招呼，表示了极大的担忧：孩子自理能力较差，与外界接触少，比较娇气，性格内向，又加上原来熟悉的、说好一同来新班级的表哥最后的放弃，让她产生了你们把我"骗"来的感觉，她怕孙女适应不了幼儿园的生活。在了解了这个情况后，我把这个孩子作为开学初工作的重点。

开学初，妍妍对于新集体生活采取了完全排斥的态度：她拒绝来园，天天早上哭着、叫着，拉着奶奶的手不放；她拒绝参加游戏，甚至拒绝吃饭，老嚷着"奶奶做好饭了，妍妍要回家吃饭"。其间，家长也是万分担心，派奶奶来探视。

到了中午，妍妍竟然拒绝午睡，情愿站着。但是，她对于我已经不表示排斥，我带她上了厕所，允许她倚在我身上休息。对于这样一个敏感又娇气的孩子，我一开始采取的对策是"顺应"。希望她在熟悉新环境后，能够自主地接受新环境的规则，接受集体生活。但是，几天过去依然没有成效。她依然拒绝和大家一样，在集体活动时也总是游离在大家之外，从不参与。和奶奶商量、交流妍妍的情况，奶奶表示，只要她不哭，她想怎样就怎样。开始，我也认同家长的观点，认为稳定情绪是重点，但是，她这样的活动方式开始感染一些孩子，本来就不爱吃饭的博豪、晓岚、懿晨见了我对妍妍的迁就，趁机开始提出：老师，这个菜我不要吃，那个汤我不喜欢……一天在喂饭时，因为有小朋友把汤打翻，我急于去清理，就命令妍妍说："接下来你自己吃饭，不许再哭了。"由于口气较严肃，我还担心她是否会号啕大哭，但是当我过来后发现，她真没哭，还自己在那儿吃饭了。这次意外惊喜给了我信心，我开始改变我的教育策略。

首先，从愉快来园开始，在和家长联系后，我和家长对她提出要求：开始允许早上来园让奶奶陪她玩半个小时，如果奶奶走时她哭了，那么第二天哪怕她哭得再厉害，也不让奶奶陪了。如果奶奶走后她没哭，而且在奶奶走后能和大家一起活动，那么第二天还允许奶奶继续陪她。开始一段时间，奶奶离开时妍妍还是哭，我没有妥协，很坚决地在她哭的第二天一进教室就让她奶奶回家了。我观察了一下，接下来的几天来园时她情绪虽然有些波动，但忍着没有哭，后来的情绪基本恢复正常了，对我的要求并没有太大的抵触。我就表扬了她，在以后的几天里，我逐步要求她脱离奶奶的陪伴，慢慢能愉快上学了。随着要求的逐步落实，妍妍开始接受新环境，在教师的引导和辅助下，她开始和小朋友一起玩，一起游戏，脸上也逐渐开始有了笑容。

国庆长假回来，我很担心妍妍会重新对环境、对老师感到陌生，重新变得不愿来园，但事实证明我的担心是多余的。妍妍早早地来园，高兴地挥着小手叫奶奶快点回去，然后和嘉怡、怡宁几个好朋友一起玩去了。奶奶反映说，她妈妈今天还在放假，叫她也继续留在家中休息一天，她却说"老师会等着我的"而坚持来园了。家长对孩子的变化感到惊叹，也自觉停止了中途来园探视，而孩子情绪也很稳定。这说明，教师的对应策略取得了效果。

案例分析：人的能力表现在各个方面，其中对陌生环境的适应能力也是一个方面。对于幼儿来说，由于孩子性格、成长环境和父母教养方式的不同，对环境的适应过程就产生了差异。对于教师来说，过去我们的思维定式是调整环境来适应孩子，特别是在开学初的一段时间里，教师更会有意识地迁就幼儿。在这个案例中，一开始，我对应幼儿拒绝接受环境的行为，采取的对策就是顺应。因为教育对象是一个较为敏感而且十分娇气的孩子。我感到，孩子的一系列拒绝行为其实是她心理极为"焦虑"的一种外在表现形式。她拒绝陌生环境打扰她的生活，以给自己营造一种"安全感"，如她拒绝吃饭就是很明显的一个行为。但是，当她在陌生环境中有了一个具体的"依恋"对象（教师）后，我就应该及时调整自己的教育策略，变"顺应"为"依从"。从案例中教师的行为分析，由于教育对象的"敏感"使她感受到自己的行为引起教师对待自己态度的变化。为了在陌生的环境中继续有一个可以"依恋"的对象，她开始调整自己的行为，反过来顺应教师的要求。在幼儿逐步适应的过程中，教师不断地肯定和要求交替进行，这样幼儿在得到赞许之后，对于继续完成教师的要求就有了信心和兴趣。

03

中外幼儿教育内容的比较

幼儿是祖国的未来，在幼儿园的素质教育中如何使幼儿受到良好的教育，不仅是幼儿身心健康成长的需要，也是社会发展的需要。只有从幼儿时期开始采用优秀的教育内容，才有希望在孩子心灵中播下种子。幼儿教育应该促进孩子在德、智、体、美、劳等方面的全面发展，所以幼儿教育的内容也应该从德育、智育、体育、美育、劳动技术教育五方面入手。

一、中外幼儿德育的比较

"德育"主要是指对人的道德的教育，德育既包括思想品德教育，也包括良好行为习惯的培养，属于这个主题的概念包括社会和情感教育、道德认知发展、生活技能教育、卫生教育、暴力预防、批判性思考、道德推理、冲突解决方案和斡旋。德育的核心价值包括仁爱、诚实、宽容、尊重、责任、合作、自信、自律、勤奋、勇敢等适应现代社会与个体发展要求的人生品格。道德教育决定人的命运和未来，而一个人道德的形成，则主要在幼儿时期。中国有句俗语："五岁成习，六十亦然。"正如国内外许多教育家所达成的共识：对于人的一生而言，任何知识都可以日后通过继续教育、终身教育去弥补，唯有道德的养成是从小培养并基本定型的，一旦养成就很难纠正了。

（一）中国幼儿德育

1. 中国幼儿德育的理念

中华人民共和国成立后，在儿童的德育方面做了大量工作。1951 年颁布的《幼儿园暂行教育纲要（草案）》指出，通过爱国主义和国民公德等教育培养学前儿童的道德品质是幼儿园的一项重要任务。1956 年颁布的《幼儿园工作指南》进一步指出对于幼儿的教育主要包括德育、智育、体育几个部分，明确提出德育的任务是培养年青一代具有符合社会主义要求的道德品质。1996 年正式施行的《幼儿园工作规程》中阐述幼儿园保育与教育的目标时提出德育的基本任务是："萌发幼儿爱家乡、爱祖国、爱集体、爱劳动、爱科学的情感，培养诚实、自信、好问、友爱、勇敢、爱护公物、克服困难、讲礼貌、守纪律等良好的品德、行为和习惯，以及活泼开朗的性格。"从 20 世纪 90 年代开始，学前教育德育的理念开始发生转变，德育的内涵向社会性方向延伸。

2. 中国幼儿德育的内容

幼儿德育建立在对幼儿社会性发展的理解基础上。幼儿受身心发展特点的限制，对理论化、抽象化、概括的是非善恶教育无法真正理解，因此针对幼儿的德育必须结合幼儿的身心特点采用合理适当的方法进行教育指导。

（1）培养幼儿爱老师、爱家乡及爱祖国的好思想。《幼儿园教育指导纲要（试行）》中明确提出培养幼儿爱父母长辈、老师和同伴，爱集体、爱家乡、爱祖国的情感。对幼儿来说，培养他们对祖国的爱，首先要培养他们爱身边的人，对身边的人产生积极的情感，然后延伸开来。苏霍姆林斯基要求他的学生首先要爱妈妈。他说："如果一个孩子连他妈妈也不爱，他还会爱别人、爱家乡、爱祖国吗？自己的妈妈，容易懂，容易做，而且为日后进行爱国主义的教育打下了基础。"因此，家长要教育幼儿要关心体贴自己的亲人和同伴，如在父母生病时给予关心，吃东西不能独享，等等，并由此延伸到爱家乡、爱祖国。对祖国的爱需要激发幼儿的情感体验，使孩子领受到祖国河山的美丽风光，知道祖国领土的辽阔、物资的丰富、文化的悠久，这些都能对幼儿进行爱的熏陶，萌发他们对祖国的爱。对祖国的爱是人类的美德，也是中华民族的光荣传统和珍贵遗产，它是成才的巨大推动力，这也与我国以爱国主义为核心的民族精神相适宜。

（2）培养幼儿讲文明、讲礼貌的好习惯。在中国古代，各种礼仪伦常教育是童蒙教育的主要内容，这种传统一直延续至今。在当代主要体现对幼儿的文明礼貌教育。主要可概括为以下两个方面内容：①培养幼儿礼貌待人的态度与行为习惯。幼儿不管是在家庭还是幼儿园，教育都渗透到各方面。教育者应通过各种机会、采用各种方式方法让幼儿懂得并掌握基本的礼貌用语，知道如何与他人交往。幼儿的日常生活的各个环节都可以渗透礼貌待人的教育。文明礼貌的行为习惯是从小开始并通过长期实践形成的。因此，应要求幼儿从小不骂人，不讲脏话，待人和气，热情，有礼貌，等等。②引导幼儿养成文明的生活态度和行为习惯。因为幼儿终归要步入社会生活当中去，要合理引导幼儿遵守社会公德，养成文明健康的生活习惯，遵守公共场合与规则秩序。这既是个人修养的体现，也会对社会公德产生影响。让幼儿从小具有公德意识和习惯是德育非常重要的内容。

（3）培养幼儿诚实、讲真话的好品质。从小培养孩子诚实守信的好习惯，对于孩子来说终身受益。要从小事中培养，在大事中受用。久而久之，孩子就会变得格外信守诺言。诚实守信是一个人最基本，也是最重要的品格，我们要把它作为人格教育的起点。诚实守信是一种言出必行、互不欺骗的优良品格。很多父母非常重视孩子的学习成绩甚至不惜重金培养孩子的特长，却忽视了孩子的诚信教育。现在有不少的孩子言而无信、说假话。或许孩子自己也没认识到这是不可取的。诚信是一个人生存在社会中的"明信片"，无信无以立。要使幼儿切实做到这些，最主要的是家长教育的态度，如果对孩子的过错一味指责，是很难培养孩子这一品质的。有的孩子做错了事怕挨骂挨打而说谎，有的为了满足其虚荣心而说谎，等等。家长不分青红皂白批评孩子，是解决不了问题的。家长应成为孩子的榜样。有的孩子待人不真诚，私拿别人的东西还不承认，是因为受了大人不良行为的影响。孩子小时候基本上跟父母生活在一起，朝朝暮暮都接受父母的教育，而家长自身的言行随时随地教育影响着子女。这种教育对孩子的生活习惯、品德品行、谈吐举止等都在不停地给予影响和示范，这种潜移默化的影响会使孩子形成根深蒂固的习惯，因此，家长不可掉以轻心，要处处以身作则。

（4）培养幼儿良好的人际交往能力。从家庭到幼儿园幼儿的人际交往圈在逐渐扩大，人际交往能力也在逐渐发展。现在，有许多孩子是独生子女，在家庭中缺乏与他人交往的经验，缺乏相应的态度和方法。培养幼儿的交往能力可概括为三个方面的内容：①培养幼儿积极交往的态度。积极交往的态度是形成良好人际交往能力的基础。家长和教师要鼓励孩子与他人交往，给予幼儿交往的勇气，并提供有利的环境培养幼儿对交往的兴趣。②帮助幼儿掌握正确的交往方式与方法。有的幼儿在家庭中缺乏与他人的交往经验，以自我为中心，因而缺乏正确的交往方式。教育要帮助幼儿掌握基本的交往技能，知道如何应对生活中的伙伴冲突、自我思维等。③培养幼儿合作、分享、谦让等品格。刚刚出生的婴儿都是自我中心主义者，幼儿时期开始发展利他行为，这些行为体现在分享与助人为乐等方面。但是幼儿的这些行为不是自发地增多，这就需要教育者做一定的引导，帮助幼儿在生活中或游戏中形成这些良好的交往品质。

（5）培养幼儿初步的责任感。幼儿的责任感主要表现为认真完成成人交给的任务，完成日常生活规范所规定的义务，以及对同伴和集体的事所采取的认真负责的态度等。从生活、学习、游戏等活动过程中，幼儿的语言、行为、态度等种种表现并不令人乐观，自私、破坏、攻击、懒惰的心理状态及行为都有不同程度的体现，这种种不良因素的存在给幼儿责任感的培养过程带来了一定的阻力，而对幼儿来说责任感的培养是个性发展的核心，对幼儿的终身起着不可估量的作用。责任感是一个人日后能够立足于社会、获得事业成功与家庭幸福的至关重要的人格品质。托尔斯泰认为："一个人若是没有热情，他将一事无成，而热情的基点正是责任心。"不少研究表明，儿童阶段是责任心形成和发展的关键时期，无论学校、家庭还是社会都应重视对孩子进行责任意识的培养。孩子从小对自己没有责任感，将来怎么会对家庭、对事业有责任感呢？因此，孩子责任感的培养，是学校教育和家庭教育的重要内容，也是幼儿成长的过程中必要的一课。

（6）培养幼儿坚强勇敢、活泼开朗的性格。勇敢是指人不怕危险和困难，有胆量的一种心理品质。这种品质是与人的自信心和自觉克服恐惧心理的能力结合在一起的，必须从小开始培养。例如，培养他们能克服各种困难，坚持完成任务，勇于承认自己的过失和错误。使其成为既活泼开朗，又善于控制自己的人。

3. 中国幼儿德育的途径

德育的途径有很多，但对于幼儿来说，渗透于日常生活、教育教学环境、家庭气氛等途径是比较恰当的。

（1）将德育渗透于日常活动中。将幼儿品德教育渗透到幼儿的日常生活中，是有针对性地对幼儿进行良好行为习惯、个性培养、发展个性倾向教育的好机会。首先，生活习惯的培养。在日常生活中，应结合各个生活环节对幼儿进行良好生活习惯教育。根据幼儿的年龄特点，从常规教育入手，使道德教育与生活实践相结合，针对幼儿接触过的各种事情，随时随地地进行教育。我们还可以把道德教育渗透到幼儿的衣食住行、言谈举止等生活的各个方面，使幼儿在具体的行为中，逐渐萌发爱集体、爱劳动、爱家乡、爱祖国的情感，培养幼儿诚实、勇敢、好问、友爱、爱惜公物、不怕困难、讲礼貌、守纪律等良好的品德、行为、习惯，以及活泼开朗的性格，真正地为幼儿良好品行的形成打下坚实基础。比如，有的孩子帮助别人穿衣服、系扣子，游戏时玩具或头饰主动让给别人。孩子偶尔说出有礼貌的话语时，教师应善于抓住这些事例进行随机表扬、鼓励，对于那些抢别人东西、打架、骂人的孩子随时进行引导、教育，使孩子知道什么是应该做的、什么是不应该做的，引导幼儿养成辨别是非的好习惯，同时也能潜移默化地净化孩子的心灵。通过典型的日常小事，孩子亲眼看见、亲耳所听，容易理解和掌握。因此，日常生活中的教育是所有教育途径中最基本、最重要的教育，它的重要性和效果都是显而易见的。其次，文明行为的培养。早上来园与老师、同伴互相问好，与家人道别时说声"再见"，最熟悉的"谢谢""对不起""没关系"，这既是最常见最简单的文明礼貌用语与行为，又是孩子的生活世界中不可缺少的道德教育内容。伴随着对事物的认识，与外界的交往，孩子们在教师的有效引导下，形成优良的文明行为。最后，良好行为习惯的培养。教师应充分利用日常生活中的德育因素，不失时机地对幼儿开展随机教育。当同伴遇到困难时，鼓励幼儿主动伸出友谊之手；当幼儿之间产生矛盾时，引导幼儿换位思考，学会谦让，共同化解矛盾。幼儿心情不愉快时，引导其不乱发脾气，学会控制、调整情绪。这些点点滴滴的行为习惯，形成于幼儿的生活，也能为幼儿的社会性发展打下良好基础。

（2）将德育渗透于教育教学环境中。《幼儿园教育指导纲要（试行）》明确指出："环境是重要的教育资源，应通过环境的创设和利用，有效地促进幼儿的发展。"幼儿正是在某种环境的变化中，潜移默化地塑造着自己的个性心理和品格，发展着社会性情感。幼儿园应当从幼儿的年龄特点出发，从全面提高每个幼儿的素质入手，创设良好的教育环境，为幼儿创设一个清洁、舒适、富有教育意义的活动环境。

良好的活动室环境有助于幼儿良好品德的形成和发展。要改变过去单纯地为美化活动室而布置环境的观点，而应把品德教育的内容融入幼儿生活的环境中。如在"我们的祖国真大"这一主题创设中，为激发幼儿爱祖国、爱家乡的情感，我们布置了"各族娃娃手拉手""可爱的中国""中国雄鸡图"等。在师幼共同收集各种图片、材料、布置展览的过程中，在真实、健康的情绪感染下，幼儿熟悉了家乡的地理位置，了解了家乡的名胜古迹，萌发了爱祖国、爱家乡的真情实感，活动室内洋溢着浓烈的爱祖国的气氛和爱国热情。幼儿在师生共同布置的生活环境中受到了良好的教育。

在活动室内设置各种适于幼儿活动与操作的区域或角落。幼儿根据自己的需要，可以自由地选择各种实践，满足自己参与社会的愿望和情感的体验，充分地表现自己的个性。可利用活动室的边角，建立"我是小小工程师""智慧屋""图书大家看""我有一双小巧手"等活动角。幼儿在这里可以自由探索，快乐游戏，他们能够按照老师的要求遵守纪律。活动角为幼儿提供了一个良好的交往空间，使他们懂得了相互谦让、团结协作、互帮互助。

在活动室创设自然角环境。例如，在自然角种植各种花卉，饲养金鱼、乌龟、小螃蟹、蝌蚪等动物，通过孩子们每天的观察，为植物浇水，喂养小动物，等等，培养幼儿对动植物的喜爱、做事细心、持之以恒的态度。在充分分享自然给他们带来的情趣的同时，也激发着幼儿自己参与劳作的积极性。再如，在班内开创值日生角区，让孩子轮流充当值日生，等等。根据孩子的行为表现，利用环境创设来进行道德情感和道德认知的教育，使孩子们在生活中不知不觉地受到教育。这样具有浓郁的品德熏陶氛围的环境，如春风化雨般地滋润着幼儿的心灵，使其品德的知、情、意、行诸方面都受到了潜移默化的陶冶。

（3）将德育渗透于游戏活动中。爱玩游戏是幼儿的天性，游戏也是幼儿认识世界，探索周围世界的一种积极活动。德育可以尝试着让孩子在轻松的游戏环境中进行，如在游戏中鼓励幼儿去尝试如何礼貌待客、如何谦让、如何与他人合作。游戏对巩固良好习惯起着重要作用。教师应采取寓教于乐的方式，充分调动幼儿的积极性、主动性及兴趣，促进幼儿的全面发展。

游戏活动是幼儿最为喜爱的一种形式，也是培养孩子良好道德行为习惯的重要形式。许多游戏活动是模拟社会环境、社会角色的活动。在游戏中，幼儿懂得了什么是道德的，什么是不道德的，什么是应该做的，什么是不应该做的。

角色游戏是现实生活的再现，幼儿在游戏中模仿他人并获得愉悦感。开展角色游戏有助于培养幼儿的创造力、交往能力，培养幼儿的独立性和道德情感。比如，在"娃娃家"游戏中，"妈妈"要细心照顾"孩子"；"孩子"要尊重长辈，"奶奶"累了，帮"奶奶"捶捶背，"奶奶"病了，送她去医院；帮助"妈妈"做力所能及的家务活；等等。"医院"游戏中，"医生"要耐心、细心地为"病人"看病。"超市"里的"营业员"要为"顾客"提供方便，开展"送货上门"服务。"顾客"也要尊重"营业员"的劳动，文明购物。幼儿在游戏中扮演着各种角色，逐步认识并理解角色的义务、职责，不断学习着社会经验和行为准则，进而使同情心、责任感得到发展，并逐步养成互相帮助的优良品质。

幼儿玩桌面游戏时，容易因争抢玩具而产生纠纷。这时，教师要教育幼儿团结友爱，知道玩具是大家的，小朋友要在一起友好地玩，不独自占有。需要别人的玩具时，要征得他人的同意后才能拿。这培养了幼儿尊重他人的良好品质。让幼儿学会与人和谐相处，很重要的一点是要让幼儿学会观察、体验、理解别人的情绪情感，利用"移情"来教育幼儿，使其具有内在的自我调节力。在建构游戏中，幼儿间必须共同商量、友好合作、互相配合，才能使游戏顺利进行下去。合作常常会带来积极愉快的结果：

活动成功，事情完成，增进友谊。这对幼儿进行巩固、强化合作精神，进而产生更多的合作行为是极为重要的。

体育游戏不仅使幼儿全面锻炼身体，增强体质，而且培养了他们机智勇敢、遵守纪律、团结协作等优良品德和活泼开朗的性格。严格遵守游戏规则，不仅是顺利进行游戏，提高质量的保证，同时也是游戏中进行思想品德教育的有效方法。比如，在各类竞赛性体育游戏中，教育幼儿团结一致，激发上进心和胜不骄、败不馁的品德；在以抛双球、跳绳、玩皮球等为主的小型游戏中，教育幼儿互谅互让，不争抢活动器具，合作游戏；在"给解放军叔叔送水"的游戏活动中培养幼儿遵守纪律、不怕苦不怕累、勇敢顽强、不怕困难的优良品质。在游戏中幼儿不慎突然摔倒时，当活动场地受到干扰时，幼儿注意力不易集中时，当幼儿要钻过障碍物、过独木桥，个别幼儿产生畏惧情绪时，老师都要及时而恰如其分地进行品德教育，寓德育于体育活动中。教师采用"寓教于乐"的方式，把道德素质教育的内容纳入游戏教学中进行，充分调动幼儿的积极性、主动性及兴趣，促进幼儿的全面发展。

通过故事表演游戏可以培养幼儿的语言表达能力、表演能力、创造能力，促进幼儿和谐、健康、全面发展。同时，通过教学实践发现，将优秀的文学作品作为幼儿表演游戏的脚本，不仅能激发幼儿表演的欲望，更能让老师借助故事为幼儿进行良好的道德品质教育。比如，《骄傲的小公鸡》《小青蛙找朋友》《笨牛学艺》等故事教会了孩子应该与同伴友好相处，学习同伴的优点，不骄傲、不自满；听过《白雪公主与七个小矮人》《小熊请客》《小猴与梅花鹿》这些故事后，孩子们懂得了在遇到问题时要像小矮人们、小熊、小猴一样一起想办法，合作解决问题；学习了《老虎照镜子》《小青虫的梦》《长尾巴的兔子》等故事，他们知道了只要自己努力学习，还是可以取得成功，得到伙伴们的认可和喜爱的……

（4）注重家园互动，共同促进幼儿品德健康地发展。家园互动，家园共育，才能使孩子品德健康地发展。幼儿园、家庭教育要取得一致性。如通过开展丰富多彩的家园活动，请家长走进课堂，与孩子共同利用废旧材料制作环保服装，组织"幼儿时装秀"表演；利用重阳节开展亲子活动，请孩子的爷爷奶奶来园参加亲子游戏，这种家长与幼儿的互动，使家园教育取得一致，提高了幼儿品德教育的实效性。还要通过定期召开家长会、建立家园联系册等，及时传递信息，相互沟通。

德育要全面，品德教育也应渗透于幼儿家庭教育中，家庭对幼儿品德的发展具有巨大的影响。家是幼儿认知的第一环境，父母是孩子的启蒙老师，而家庭教育就是孩子的第一个教育环境，家庭是教会孩子做人的首要场所，也是幼儿品格培养的重要因素。那么，家长如何在生活中贯彻德育原则呢？首先，家长应为幼儿树立品德的榜样。应当以身作则，在与孩子相处中注意自己的言谈举止，用自己高尚的道德修养去感染、影响孩子。其次，激发幼儿爱的情感。家长要教育幼儿学会关心长辈，为他们分担忧愁，学会分享，为长辈做些力所能及的事情。再次，培养幼儿勤劳、俭朴的品质。家长应鼓励幼儿参加力所能及的家务劳动，从小培养幼儿勤劳，俭朴的品质。一是自我服务的劳动，做到自己的事情自己做。自我服务劳动能培养幼儿生活的条理性和独立生活的能力，并为幼儿参加家务劳动和社会公益劳动打下良好的基础。二是家务劳动，帮助父母打扫卫生、洗菜，通过劳动获得基本的生活能力。家长、教师为幼儿树立良好的榜样，使幼儿从小建立起良好的道德修养。最后，幼儿园、家庭要相互协调一致，根据孩子的发展有目的、有计划地培养幼儿的良好行为习惯、道德修养，使祖国的新一代在良好的教育氛围下茁壮成长。

幼儿如同破土而出的幼苗，正伸展出柔嫩的枝叶渴求阳光和雨露，孩子需要得到父母和教师温暖的双手的牵引和扶持。培养幼儿良好的道德品质，教孩子掌握生活、学习、做人的能力，是传给他们一辈子享之不尽的财富。树木只有根深才能叶茂以至开花结果。幼儿教育是素质教育的基础。只有从小培养幼儿良好的品德修养，才能培养出全面发展的高素质人才。

（二）国外幼儿德育

1. 国外幼儿德育的理念

20 世纪上半叶杜威提出"儿童中心主义"的教育原则，认为教育是促进儿童天生本能欲望生长的一个过程，并由此反对传统教育对儿童道德的强迫灌输。杜威反对对儿童的压制和灌输，主张合理的道德教育应以培养儿童主体性为基本原则的思想，已成为国外德育理论的共同要求。他还强调道德教育的社会性并未否认对儿童主体性的尊重，认为儿童天性中有为他人服务的本质倾向。

随着社会的发展，20 世纪 30 年代末，为了克服进步主义教育缺乏明确的道德原则这一弱点，出现了以宣传传统德育思想为核心的新传统教育理论，反对现代教育观念，其中主要有要素主义、永恒主义等。要素主义批评进步主义以"从做中学""适应生活"代替了道德标准，认为儿童单靠自己是不能理解学习内容的，儿童的学习兴趣和能力必须由教师导引和发展。德育的主动权掌握在教师手中，在情感、道德、人格的发展等诸方面，教师都要直接负责对儿童的教育和管束。永恒主义认为教育对于发展永恒的人性有着重要的作用，并认为德育基本伦理原则是永恒不变的。永恒主义反对进步主义忽视永恒道德的掌握，而把德育只看作过程和经验。

为了适应社会以及人类进步发展的需要，20 世纪 50 年代出现的存在主义德育理论，强调顺应个体的非理性需要。存在主义在道德教育上，否认任何永恒的普遍的道德价值，道德的作用是要使学生意识到个人的存在，在肯定自己存在的基础上，按照自己的意志选择道德标准，并对自己选择的结果承担责任。存在主义的德育理论的核心就是发展自己，强调自由，并指出了德育的方向应该走向个性化、人性化。

而在 20 世纪 50 年代后出现的分析主义德育理论是哲学上的科学主义思潮在教育思想上的反映。分析主义认为传统德育理论称不上理论，而只是一种应用学科，要以分析哲学来对传统教育中的模糊概念进行分析，以达到教育理论上的革命。分析主义认为，传统道德教育中的所谓规范性的价值判断概念，如道德、伦理、美德等判断，或是不可证明的，或只是情感的表达，不能被逻辑分析所证实，因而是没有意义的。分析主义在道德教育理论上，主要是重视对道德教育基本概念的分析，认为德育理论与实践中的许多混乱是与基本概念的模糊不清相关的。分析主义的任务就是要澄清和分析这些道德教育概念，以建立一个清晰的科学道德教育概念系统。分析主义对道德教育诸概念的分析，主要是对概念的语义分析和逻辑分析，并以此确立概念的明晰性和科学性，实际上只从形式上而非内容上去分析道德概念和价值判断。

随着人们对品德教育的探索的深入，20 世纪七八十年代出现了新德育流派。新德育理论指出，儿童的道德发展需要提供给他们一套规则和价值，主张通过教学使儿童接受一系列道德原则之外，还要求发展儿童的个性自由，鼓励儿童自己做出道德的选择和决定。新道德理论主张道德教育必须要有道德内容，包括某些规则、美德和道德理想，同时又应当尊重非理性的因素。

2. 国外幼儿德育的内容

（1）信赖教育。"信赖"包括诚实，不欺骗，不偷窃，说到做到，坚持真理，建立声誉，忠于家庭、朋友和国家。美国一直以来推崇守信者，"言行不一""不守信用""表里不一"是大家深恶痛绝的。做到"一诺千金""言必信，行必果"的人在美国这个讲究诚信的社会才能立身处世，否则，就连银行的借贷也受到限制。我们漫步在尔湾的马路，发现所有的司机，不管有没有人监视，都自觉服从交通灯的管制。当地人告诉我们，如果胆敢挑战"信赖"，那后果是一辈子别想开车了。在一所名为"Sierra Intermediate"的小学校，我们发现美国小学语言第一课是《华盛顿与樱桃树的故事》，内容大意是：在院里，华盛顿砍了他爸爸心爱的樱桃树，当他爸爸问谁砍了樱桃树时，华盛顿没承认，爸爸严厉地批评并告诫他："砍樱桃树并不严重，严重的是你撒了谎。诚实是一个人最起码的品德，只有一个诚实的人才能在社会上立足，才能取得别人的信任，诚信比一千棵樱桃树还要重要。"

为了培养值得信赖的小公民，美国的学校让学生每天在国旗下宣誓对祖国效忠，还经常布置一种以收集事例、引语、格言或写伦理观点评价为主的德育实践作业，让学生带回家，与家长一起完成。家长在与孩子协同完成的过程中还可以起监督帮助的作用。在学校，送达家长手中的校讯也大胆写学生诚信方面的逸事并公开社区、家长对学生在这方面严肃的评价。许多学校唱的校歌，在学校建筑物显要地方标榜的信条、格言或誓词，无不体现对诚信、维护真理等精神的弘扬与歌颂。可见，美国学校对诚信教育是非常重视的。

（2）尊重教育。"尊重"包括尊敬别人，宽容别人，举止礼貌，语言文明，照顾别人的感情，不威胁、伤害别人，用和平方式处理愤怒、污辱和争执。尊重，是美国儿童教育中的重要方式和特殊营养。比如，美国人讲究对孩子说话的口气和方法，不但大人要认真倾听孩子的话，而且有时还要蹲下来同孩子对话，使孩子感到你在尊重他，避免他有"低一等"的感觉。孩子吃饭时不能硬逼；孩子做错了事不得横加训斥；要孩子换衣服也不可用命令的口吻，否则，父母的做法就是一种犯罪，会给孩子的心理上留下自卑的阴影。家长带孩子外出做客时，孩子想要什么或是想看什么都是合理的，因为孩子有这个需要，任何人都没有理由来指责，只能根据情况适时适当地做出解释、说明和引导。在学校，绝不允许教师当着人面斥责孩子"不争气""笨蛋""没出息"，因为这会深深伤害孩子的自尊心。第一，美国人对孩子鼓励多于呵护，让孩子做各种尝试，在做中学、做中练，培养了能力、兴趣，最重要的是树立了自信心。我们往往过分地保护，造成孩子对父母的依赖，使孩子怀疑自己或失去自我，一切要等父母。家长怕孩子受伤、受欺、受到危险等便剥夺孩子玩的权利。第二，美国人对孩子引导多于灌输。"我觉得……会好些？我建议是……你愿意听听我的看法吗？"等是美国老师或家长常对孩子说话的方式。美国人这样尊重孩子，不仅仅是因为他们年龄小，需要爱护、关心和培养，还在于他们从出生起就被当作一个独立的个体，自己是自己的主人，有自己独立的意愿和个性。无论父母还是老师都没有特权去支配或限制他们的行为。在家里，父母帮助孩子接受一整套他们赖以立身处世的牢固的社会准则——尊重和守纪；在学校，教师总是与学生一道定规则，一起商量制度的可行性，直到全体学生接受，老师才会把它挂到墙上，这就是尊重！也许你会怀疑美国人对孩子的尊重是否太过分了，但事实证明，受到父母良好尊重的孩子同父母大多非常合作，他们待人友善，懂礼貌，同大人谈话没有一点局促感，自我独立意识强。在美国的学校和公共社区，很少会发生争吵的现象。儿童心理学家认为，这些都是孩子们受到应有尊重的良好反应。

（3）责任教育。"责任"包括做自己应该做的事，坚持不懈，自控、自律，谨慎、可靠。谈到美国的责任教育，得追溯中美不同的父母观。在我国，毋庸置疑，子女是属于父母的，就像家中的其他东西一样是父母的私有财产，一切得听父母的；父母对子女照顾是无限责任：从孩子出生到孩子成年，家长几乎把孩子的一切都包了下来，做饭、洗衣服、打扫房间、陪读，有时甚至把作业都包了。双休日都搭在里面，陪孩子上各种辅导班。

还得想着如何攒钱供孩子读大学、出国、结婚、养儿育女等。在美国，子女是独立的个体，他们属于自己，他们有自己的喜好、选择、隐私、交际圈。父母对子女是有限责任，父母不会把孩子的事情全部包下来，反而孩子还必须承担一些家务劳动，如摆餐桌、扫地、洗自己的衣服、剪草坪等。想外出旅游的费用很简单，孩子可以自己打工挣（在学校、在社会），也可以在家里干活，父母给记工钱。等到18岁成人读大学，出学费的当然是父母，但父母和孩子都明白这不是父母必须给的，只是帮助。这种父母观教育孩子什么呢？就是让孩子懂得自身的价值，从小懂得自立、责任与义务。在学校里，也经常听到老师布置的课外作业：让学生回家，到社区参加清理环境、清扫落叶等公益劳动。细心听美国老师对学生讲话，会发现他们习惯用语有很多"我有责任……我的疏忽导致……"等充满责任心的词句。校长和教师多半会在学生面前捡起垃圾以作示范。下一节课是别的老师，则前者会主动擦好黑板表示尊重。

在我们传统的观念中，认为美国是个很讲民主的地方，学生上课时必定是自由散漫的。而事实并非如此，美国的学校有非常严格的纪律要求，每个学校都有一个"学生行为与服装规范"。在新学期开学初，学校要组织家长和学生学习"学生行为规范"，并和学生、家长签订一份落实"学生行为规范"的协议，一旦学生和家长在协议上签字，表明学生和家长同意学校对学生的各项要求，并愿意承担违反规定可能带来的后果。

美国人非常重视对孩子的责任教育，他们非常重视一些小事一些细节，诸如孩子的毕业典礼，他们认为这是孩子成人、走向社会的标志和起点，所以毕业典礼非常隆重，家长和亲友都会来参加毕业典礼，目的是让孩子明白和记住：他成人了，要对自己完全负责了。孩子学会对自己负责后，才谈得上对家庭、社会、国家负责。

（4）公平教育。"公平"包括照章办事，不存偏见，倾听别人意见，不利用他人,不推诿过失。美国孩子从小就有一颗公正、公平的心,原因是它的教育灌输给孩子的就是那种比本领、比本事而不是比父辈给予自己的财富,同时美国教育界致力于推行公平均衡的教育理念。每一所学校,首先提倡的是教师与学生在人格上的平等,因此校园的公告栏展示优点和成绩,左边是老师,右边是学生,各占一半,平分秋色。在教师的那里,当官的、有钱人的孩子在学校享受不到任何特权,而这些孩子也不敢奢求获得偏心。大家知道,"股神"巴菲特的子女们不能从父母那里继承到哪怕是一美分;世界首富盖茨的三个孩子每人也只能得到住宅,除了房子什么都没有,因为他的财富已经决定全部捐赠给公益事业。富豪们的这种做法是不是有些不近人情?巴菲特的回答是:"那种以为只要投对娘胎便可一世衣食无忧的想法,损害了我心中的公平观念。"在美国,像巴菲特和盖茨这样不愿给孩子留下巨额遗产的大有人在。美国富翁不愿子女不劳而获,他们认为依附于父母是可耻的,每一个公民都应该自觉接受平等的授予。

(5)关怀教育。"关怀"包括善良、热情、感恩、宽恕、助人。美国的关怀教育渗透在日常的教育当中,贯穿于整个学校教育的全过程。在学校里工作的传达员、维修工、食堂工人和志愿者等"无名英雄"都得到师生的关心和重视。随便一节课,你会看到温雅的笑容总是呈现在老师的脸上。课堂上,人们最常听到的用语是"好,非常棒,聪明……"哪怕是学生答错了,听到的也总是鼓励的话语,甚少听到批评。学校每年花费一定的钱在奖品上,学生即使取得了很小的进步也会被奖励,一支铅笔、一粒糖果也使他们信心倍增,孩子们受表扬时的喜悦心情不言而喻。由此,美国师生之间的关系非常融洽,老师总是和学生一起完成大扫除任务。在一所美国的学校,班级多半没有固定的班主任,而是实行教师兼做学生的"导师"和"朋友"。学校不能简单地给有心理障碍的学生下结论,而是做得非常细心。当学生碰到任何困惑或不快，都可找学校倾诉和寻求帮助。虽然没有心理咨询师，但学校中的校医兼任心理工作者，或由几名挂牌的教师兼任心理辅导工作。校外很多社会组织和热心人士也提供大量心理咨询网站、热线电话为学生们服务。社会也参与学校的关怀教育圈当中。社区各俱乐部、科学馆、图书馆总是提供优惠或免费场所给学生活动。当得知生物课讲授自然知识时，便有一些流动的服务车辆开进校园，车上装满了实物和道具，为孩子展示真实的动植物世界。老师还让学生轮流把教室种（养）的动植物带回家，亲身体验关怀生灵的乐趣。

（6）公德或公民教育。"公德"或"公民意识"包括对学校和社区尽到自己的本分、合作、参与、遵纪守法、尊重上级、保护环境。在美国，公民意识主要指公民对于自身享有法定权利和义务的自觉，它包含着主体意识、权利意识、道德意识、社会责任意识等多方面的内容。重视和保障个人的权利和自由的前提是公民必须要有强烈的主体意识。美国的中小学都很重视规则意识教育。他们认为目标要求过高、内容脱离现实生活和效果缺乏实际意义的价值导向，造成了德育实效的低下。教育必须建立在学生最基本的社会规则意识的基础之上，才能促成他律向自律内化的转变。美国公民意识的培养，是让学生首先从做好一个公民的角度去理解和领会教学内容，让学生在"润物细无声"的状态下，由说教命令式为主转变为以引导体验式自主参与式为主。在加州，学校的教育管理必须是学生充分理解和认可的。有关学生的规定要通过一定的途径听取、吸收学生的意见。他们认为听取同学意见的过程，实际上也是教育引导学生、给予学生责任的过程，因此在教室的墙上我们随处可看到教师与学生一起订立的规章制度。在美国，学生社团等学生组织活动非常活跃，加州的一所学校"Sunny Hill"就有听证会、学生议事会，学生经常被学校派去参加校董会、乡镇、城市等事务会议。在一所名字叫"Sonora"的学校，校长告诉我们，学校的装饰摆布都要过问学生代表的；供我们参观的"学校的剪贴本"是学校所有员工加上学生、学生家长一起收集有关学校发展历史的照片、成就等汇编而成。在事关学生利益的事项出台前，要通过召开学生会议以及公告公示等形式广泛听取同学意见。美国教育工作者主张构建开放式的社会教育体系，积极地组织学生接触社会、了解社会，建立经常性的学生社会参与机制。例如，他们提倡社区为本的教育，其目的是要使学生回到非学校的社区中，使学生在真实的世界中体验公民身份，感受到信任和责任。学校经常开设一些社区论坛，邀请当地的雇主、成功企业家向学生谈谈公民意识或公德心等在工作中的重要作用。

3. 国外幼儿德育的途径

教育的成功与否不在于教会孩子多少知识和技能，而在于教会孩子判断是非的能力，而德育就是将这种标准内化在孩子的心里。良好的道德常常能弥补智能的缺陷，然而智能却永远填补不了道德的空白。德育对幼儿的身心发展有着至关重要的作用。品格的培养不能复制，但不会只有一条道路，德育本身就是一种价值。

运用身边的示例英雄人物、绘本阅读等德育素材培养和塑造幼儿的良好道德。在国外，出现了很多优秀的绘本，父母会经常让孩子多多阅读绘本，如《猜猜我有多爱你》《我好担心》《大卫不可以》等，用英雄人物的优秀品质，激励幼儿。再如，宣传英雄人物：把英雄人物的画像挂在大厅和教室里，老师和幼儿一起分享个人心目中的英雄，告诉幼儿为什么他或她是你心目中的英雄，把学习"当地或身边的英雄"包含到幼儿的社会学习课中去。让幼儿在墙上画出他们喜欢和敬佩的英雄，写下他们认为对自己有重大意义的行为表现的话。教师每天在上学开始或放学时大声地朗读一段简短的但以价值为中心的"两分钟的故事"给幼儿听。幼儿读书区角摆放一系列关于品德教育的儿童读物，让幼儿多多阅读，逐渐成为幼儿德育的重要途径。

关注孩子的同伴交往状况。一位正在外地旅游的美国父亲，似乎心事重重，不停地拨打手机，同伴问他发生什么事，原来他的儿子参加小区里的足球比赛，孩子沮丧地向父亲汇报了他们的战况。这位父亲听完后，笑着安慰道："这么激烈啊！我的宝宝！可惜我没能看到，对手太厉害了！下次我们再加油，一定能够打败他们。"教孩子在与同伴交往中获得信心，学会尊重等品格。

（三）中外幼儿德育的差异

德育是人的道德素质的核心，是道德教育的一个重要方面。自 20 世纪 90 年代以来，德育成为以美国和加拿大为代表的北美地区国家道德心理学最关注的话题和研究领域，各种新的研究项目和观点不断涌现。中外幼儿德育的比较主要是中美两国的比较。

1. 德育目标的差异

早在两千年以前，在东方，我国的管子在《牧民篇》中，就提到"礼义廉耻，是国之四维，四维不张，国乃灭亡"，这推广"礼义廉耻"就是德育。孔子讲"仁"，孟子讲"义"，也就是公义，墨子谈"兼爱"，说"非攻"，他们所谈的也都是"德育"。在我国，德育目标一直是德、智、体全面发展。德育目标是学校全部德育工作的出发点和落脚点，它决定着德育的内容、途径和方法的选择。

美国学校的德育目标十分明确，就是要把青少年培养成为一个好的公民、好的家庭成员、好的社区成员，进而成为一个好的世界公民。历届政府都十分重视"合格公民"的培养，他们强调学校必须培养学生具备以爱国、修养、诺言、道德、纪律等为主要内容的"国民精神"。各学校通过开设历史、地理、法制、文明史、价值观等人文类课程，开拓学生视野，陶冶学生情操，实现德育的目标。

2. 德育方法的差异

中国主要是授受教育，基本上是以书本、课堂、教师为中心，通过教师讲，学生听，把书本知识传授给学生。道德认识是道德行为的基础，传统的授受教育在继承优良传统、规范行为等方面对幼儿的品格塑造起到了一定的作用。但这种教育方法也有一定的局限性，它妨碍了幼儿开阔视野，妨碍了他们的潜能与创造精神的发挥。

美国教育的主导思想是自治教育。自治教育主张尊重和信任儿童，给儿童提供充分自由的发展空间。在学校教育中，师生关系是平等的，教师是协助者和引导者。在家庭教育上，美国人把自己的孩子当作成人看待，尊重他们的权利与人格，平等地对待他们，给他们更多的自由、鼓励、启发和诱导，使他们按他们自己的意愿去做事，增强他们的社会责任感，学会自己管理自己，成为一个有责任感的人。

3. 德育重点的差异

我国重视全面教育，德是"全面发展"教育方针的一个重要组成部分。我国的道德教育主要以课程形式出现，老师在课堂上讲，学生在台下听，主要重视道德教育的形式。

而美国则突出强调个性发展，他们认为教育的真正意义在于开发人的潜能，发展人的个性，实现人的价值。美国学生的家务劳动、社会实践、科技活动、模拟创造等活动，都是施展个人才华的途径。同时，美国的德育更重视实际效果，即德育密切联系社会实际，重视社会实践和生活体验，让幼儿在实践中提高道德水平。他们重视幼儿认知、判断和推理能力的发展，以及意志、探索、独立自主和协作态度的培养。

4. 德育特点的差异

改革开放以来，我国的教育发展迅速、变化巨大，取得了可观的成就。

但仍旧处于传统教育向现代教育的过渡中，教育思想和教学方法仍以半封闭的传统教育为主。

而美国教育是全开放的现代教育，对幼儿的德育具有轻松活泼、自由灵活的开放性特点。一些美国学者甚至认为，道德伦理规范的灌输无济于幼儿道德水平的提高，真正的德育途径是轻松愉快的实践，主张在实践中提高道德认识，增强道德责任感，培养道德情绪。从整体上来说，美国学生的适应能力、实际操作能力、协作能力和人际交往沟通能力都比较强。

（四）中外幼儿德育的案例分析

1. 分苹果的故事

美国一位著名心理学家为了研究母亲对人一生的影响，在全美选出 50 位成功人士，他们都在各自的行业中获得了卓越的成就，同时又选出 50 位有犯罪记录的人，分别去信给他们，请他们谈谈母亲对他们的影响。有两封回信谈的是同一件事：小时候母亲给他们分苹果。一个是犯人，一个是成功人士。

那位犯人这样写道，妈妈问我和弟弟：你们想要哪个？弟弟抢先说想要最大最红的那个。妈妈听了，瞪了他一眼，责备他说："好孩子要学会把好东西让给别人，不能总想着自己。"我灵机一动，改口说："妈妈，我要那个最小的，最大的留给弟弟吧。"妈妈听了，非常高兴，在我脸上亲了一下，并把那个又大又红的苹果奖励给我。我得到了我想要的东西，从此，我学会了说谎。以后，我又学会了打架、偷、抢，为了得到想得到的东西，我不择手段。直到现在，我被送进了监狱。

那位成功人士这样写道，妈妈分苹果，我和弟弟都争着要大的。妈妈说："我把门前的草坪分成三块，你们三人一人一块，负责修剪好，谁干得最快最好，谁就有权得到它！"我们三人比赛锄草，结果，我赢得了那个最大的苹果。我非常感谢母亲，她让我明白一个最简单也是最重要的道理：要想得到最好的，就必须努力争第一。

德才兼备，之所以把德字摆在前面，是因为德比才更为重要。虽然父母很重视孩子的学习成绩，但是一旦孩子在品德方面出了问题，后果是很严重的。要让孩子懂得做人的道理。父母要以身作则、身体力行，才能培养孩子良好的人格。那位犯人的妈妈虽然告诉孩子要把好东西让给别人，不能总想着自己，但是她的行为却让孩子认为，如果想得到自己想要的东西，不能直接要，这反而让孩子学会了撒谎。这位母亲本是为了让孩子学会谦让，结果却适得其反。而那位成功人士的母亲则鼓励孩子通过自己的努力，得到自己想要的东西，培养孩子的竞争意识，让孩子学会不断努力，不断提高自己的能力。推动摇篮的手，就是推动世界的手。母亲是孩子的第一任老师，你可以教他说第一句谎言，也可以教他做一个诚实的、永远努力争第一的人。

德育存在于日常生活的一点一滴中，父母的任何行为或语言都会对孩子产生重要的影响。父母教育孩子，最重要的还是要让孩子懂得做人的道理，使孩子能够明是非、识善恶、辨美丑、知荣辱。给孩子讲道理有一个最重要的方法，就是平等地和孩子交流，而不是居高临下地灌输和指责。

2. 中国幼儿园的一日活动

情境1：

在建筑区区角活动的时候，孩子们刚开始还自己选择活动材料进行活动，可不一会儿，就看见两个孩子争抢一个玩具，还不停地说："我的玩具，我的玩具。"双方争执不下，这时一方的孩子在拉扯的过程中开始动手打人。我将孩子分开，建议一人玩一会儿，可孩子嘴里一直在不停地说：我先拿到的，是我的玩具，并将玩具抱得更紧，丝毫没有与人分享的意思。

情境2：

我班幼儿西西，是家中的宠儿，由于家人的溺爱，在班上称王称霸，动不动就欺负小朋友，在别人游戏时，常常"搞破坏"，老师多次帮助教育，他根本不当一回事，和家长交换意见时，家长总是满脸堆笑对孩子说："乖乖，你怎么打人呀？"然后带着孩子就走了，到了第二天依旧重复着这样的问题。

上述的情境在幼儿的一日活动中是常见的，特别是在溺爱家庭幼儿的身上，更是常见的问题。从案例中我们不难看出幼儿的道德行为存在诸多问题。

1. 唯我独尊。根据幼儿的家庭状况调查，如今的孩子多数受到爷爷奶奶、姥爷姥姥、爸爸妈妈几代人的呵护，是家中的小皇帝。幼儿中任性、霸道、缺乏自制力、随心所欲等现象越来越普遍，并逐渐成为一种社会问题。例如，案例中的孩子由争抢玩具转化为动手打人。这种唯我独尊的心态会影响孩子之间的交往，阻碍幼儿良好品德的养成。

2. 幼儿合作意识差。现在的孩子都是独生子女，习惯了家长的呵护，往往以自我为中心，不知道如何去关心别人，在家得到家人的宠爱，好东西先吃，玩具一个人玩，体会不到与人分享的快乐。家长在满足幼儿的物质需求时，往往忽视了孩子合作能力的培养，致使幼儿的合作意识较差。而在幼儿园里的各种活动中又往往离不开幼儿间的合作，因而就出现了案例中说到的不能与同伴共同游戏，不能合作交往的现象，这对孩子的健康成长是十分不利的。

德育要贯穿于幼儿生活及各项活动之中，教师应紧密结合幼儿年龄特点及幼儿当前思想状况来进行思想品德教育。幼儿的思维具体形象，对抽象的道理会不容易理解，可利用幼儿喜欢的故事、歌曲中的艺术形象来教育孩子。

家长要及时转变教育观念及教养方式。现今的家长为幼儿提供了丰富的物质条件，给孩子创造了良好的教育环境，但与此同时，家长却忽视了对幼儿的品德教育和心理教育也是素质教育的重要部分这一问题。往往对幼儿的行为迁就和放任，对幼儿品德培养只是简单地灌输；有的家庭甚至向幼儿灌输不吃亏心理、虚荣心理，使幼儿产生独霸、傲慢、虚伪等不良品德行为。因此家长首先要有良好的道德情感，用自己的行为让孩子受到潜移默化的影响。道德品质的形成过程是长期反复不断提高的过程。老师应该持之以恒，对幼儿做深入、细致、耐心的工作。同时，需要家庭、社会一起协助，逐步培养幼儿良好的思想品德。

二、中外幼儿智育培养的比较

启迪婴幼儿的智慧是现代社会的重要教育课题。智育是向受教育者传授知识技能、发展认识能力的教育。在现实生活中，有的幼儿理解能力强，有的幼儿理解能力差；有的幼儿创造力和想象力强，有的幼儿则安于现实，缺乏想象力；有的幼儿思维活跃，注意力集中，而有的幼儿则思维分散。这就表现了幼儿智育的高低。

（一）中国的幼儿智育的培养

1. 中国幼儿智育培养的理念

陶行知、胡适等学者非常推崇杜威的"儿童中心论"，批判和反对封建的、束缚儿童的思想，这对旧的、传统的中国教育的改造起到了一定的推动作用。陶行知还提出对儿童应实施六大解放：解放儿童的头脑、解放儿童的双手、解放儿童的眼睛，解放儿童的嘴巴、解放儿童的空间和解放儿童的时间。儿童是独立的生命体，有自己的心理结构，有自己的兴趣和爱好，他们是自身发展的积极参与者，是主动的学习者，儿童自身的特征与行为影响着他的发展。[①] 让儿童在学习的过程中能够按照自己的意愿来学习，充分地尊重儿童的意愿，这对发挥儿童本身的想象力和创造力等智育有巨大的推动作用。

陈鹤琴是我国现代教育史上著名的教育家，他为中国幼儿智育培养做出了巨大贡献。他创编了五指活动课程，由健康活动、社会活动、科学活动、艺术活动和语文活动五个方面组成，这犹如人手上的五个指头，可以伸缩，但却是一个整体，相互联系。他反对传统的灌输式的教育，主张儿童在"做中学"，并提出了"活教育"的理论。在教育目标上，"活教育"理论强调"做人、做中国人、做现代中国人"，也就是说，强调儿童的社会性教育、良性教育；在课程观上，"活教育"强调"大自然、大社会都是活教材"，大自然、大社会才是最直接的书，儿童应该向大自然、大社会学习，这体现了整合教育、主题教育、开放教育和渗透教育；在方法上，"活教育"理论强调以儿童为中心，"做中学、做中求进步"，注重儿童的兴趣、主动的学习，使儿童主动地获取知识和经验。

进入 21 世纪，根据《幼儿园教育纲要》的规定，幼儿智育的任务是：教给幼儿周围生活中粗浅的知识技能，注重发展幼儿的注意力、观察力、记忆力、思维力、想象力以及语言的表达力；培养他们对学习的兴趣，促使他们有求知的欲望，帮助他们养成良好的学习习惯。为了完成幼儿智育的任务，必须合理安排智育的内容，使他们在掌握知识技能的基础上，逐步发展智力。当前，有些人认为，向幼儿进行智育就是要一味地向他们灌输知识，要教他们认字、写字、做算术，这是一种片面的理解。其实，知识与智力是既有联系又有区别的概念，两者不能混为一谈。知识是人类社会历史经验的总结和概括，是人们对客观事物的认识。智力是指一个人认

---

① 虞永平，王春林主编. 学前教育学 [M]. 北京：高等教育出版社，2012.

识事物的能力，或者说是获得知识的能力。知识不等于智力，知识丰富程度不标志着智力的水平。但是，知识是发展智力的基础，而智力又是掌握知识的必要条件。因此，教师一定要在向幼儿传授知识技能的同时，重视发展幼儿的智力，使他们学会知识，运用知识。如果我们从小能培养幼儿敏锐的观察力、稳定的注意力、良好的记忆力、丰富的想象力、创造性的思维能力和语言表达及动手操作能力，就等于给了幼儿一把认识世界、掌握知识的"金钥匙"。从这个意义上来说，对幼儿的智育，不能偏重于要求幼儿掌握多少知识，而应发展幼儿的智力。

2. 中国幼儿智育培养的内容

我国《幼儿园教育指导纲要（试行）》中明确规定："幼儿园教育内容的选择既要适合幼儿的现有水平，又要有一定的挑战性；既符合幼儿的现实需要，又有利于其长远发展；既贴近幼儿的生活来选择幼儿感兴趣的事物和问题，又有助于拓展幼儿的经验和视野。"

（1）传授相关社会知识。例如，认识自己和别人，知道自己的名字、年龄、性别、自己的家庭住址、知道自己和别人的关系；认识日常生活用品，如玻璃、搪瓷、塑料用品等，正确说出它们的名称、外形特征、性质和用途；认识交通工具，如自行车、汽车、飞机、轮船等海陆空交通工具，知道它们的名称、外形特征和用途，并进行归类；认识附近的环境，如托儿所、幼儿园、学校、商店、工厂、邮局以及本地的名胜古迹及主要建筑，知道它们的名称和其与人们的关系；认识周围成人的劳动，从最接近的人的劳动开始，认识他们劳动的主要内容，劳动时使用的工具及他们劳动的社会意义；知道节日，如最先了解与他们有切身关系的节日——"六一"儿童节，以后逐步了解其他节日，知道时间和相关节日活动的形式；认识有关国家政治生活中的初步常识，知道国家的名称，认识国旗、国徽，认识领袖，简单地了解主要的民族，知道我国是个多民族的国家。

认识天气和季节的变化。知道季节与人们生活及植物生长的关系；认识常见的动物。正确说出它们的名称、外形特征、习性，并能进行初步分类；认识常见的植物，如常见的蔬菜、常见的粮食作物，知道它们的名称、特征、用途，观察其生长过程，参加一些种植和管理活动，培养对自然科学的兴趣；介绍有关安全卫生常识，知道常用的交通规则，知道怎样保持个人卫生和环境卫生等；观察和了解日常生活中常见的科学常识和物理现象，如水的三态变化、物体的沉浮及声、光、磁等物理现象。

认识和比较物体的大小、多少、长短、高低、宽窄、深浅、轻重等。认识几何图形，认识时间、空间，认识 10 以内的数，学会 10 以内的加减①。

（2）对幼儿进行智育，既要传授知识，又要发展智力。前面介绍，智力是人认识客观事物并运用知识解决实际问题的能力，它是由观察力、注意力、记忆力、想象力、思维力这五种要素构成的。观察力是精细地感知事物的特征，辨别相似现象和发现新异的现象的能力。它是智力的门户和源泉。注意力是组织自己心理活动，使之集中和指向于认识对象的能力。它是组织和维持智力活动的必要条件。记忆力是识记、保持、再认和回忆客观事物所反映的内容和主体体验的能力，是积累知识经验不可少的条件。它是智力活动的基础。想象力是在头脑中进行加工、改造成新形象的能力。思维力是合乎逻辑地去推理、判断事物，抽象概括事物性质的能力。想象力和思维力是智力活动的核心。这五种要素在认识客观世界中彼此紧密联系，构成稳定的智力结构，在认识活动中统一发挥作用，因此，要发展幼儿智力就要考虑整体的发展，而不是某一个要素的发展。

人的智力发展最终是同人的行为的智力活动密切联系的，在活动中表

---

① 谷淑梅.幼儿教育心理学［M］.北京：高等教育出版社，1995：75.

现出人的智力水平高低，即智力品质的情况。它包括敏捷性、灵活性、深刻性和独创性四个方面。教师在智育过程中发展幼儿智力，既要注意培养幼儿的智力品质，还要重视智力活动中的技能表现。在发展幼儿智力的同时，还要注意发展幼儿的语言。培养幼儿逐步听懂成人的语言，发音清楚、正确，会说普通话且词汇丰富。教给幼儿一定数量的名词、动词、常用的形容词、介词、连接词等，并会理解词义，进行运用；培养幼儿能够清楚地回答问题，比较完整连贯地表达意思，初步培养幼儿对文学作品的兴趣。

（3）培养幼儿学习的兴趣和求知欲。幼儿对知识的学习表现出明显的直接兴趣，即兴趣指向于活动过程本身，如唱歌舞蹈就属于这种兴趣。同时，随着年龄的增长间接兴趣也开始逐步发展，即兴趣指向于活动结果。为了把学到的故事记住，讲给妈妈听，幼儿不怕记忆的困难，而集中精力去记，这种记的过程幼儿是不感兴趣的，而能把故事最后记住，流利地讲给妈妈听，是他感兴趣的。幼儿的兴趣和求知欲望是紧密联系的，对事物兴趣越浓，求知欲就越强。由于幼儿的兴趣不稳定，易受环境的影响而改变，因此，培养幼儿的学习兴趣和求知欲望就成为智育的内容之一。

3. 中国幼儿智育培养途径

幼儿智育是通过上课、游戏、劳动和日常其他活动等各种手段来完成的。智育手段越多，幼儿就越容易掌握知识技能，智力也就容易得到开发。因此，选择多种手段对幼儿进行智育是完成智育任务的途径。

（1）上课。上课是教师对幼儿进行知识传授和智力开发的最重要的手段之一。教师通过有目的、有计划的集体教学活动形式，把有关的知识传授给孩子。计算中数形问题，语言中语音、词汇、语法的讲解，常识中自然知识和社会知识的介绍，都能使幼儿掌握。同时，在上课过程中，幼儿教师设计提出的问题，需要观察、记忆、动脑分析，从而促进智力的发展。因此，教师应注意选择适合幼儿的教材内容，确定能使幼儿达到的教学目标，选择适当的教学方法，精心设计教学过程，真正完成智育的任务。

（2）游戏。游戏是教育的手段之一，是儿童特有的一种活动。在游戏活动中，幼儿通过模仿，学习周围生活中最基本的知识。同时在游戏活动中，幼儿可以自愿自主地进行活动，创造性得到发挥，独立性得到培养，智力也得到开发。角色游戏能扩大幼儿对周围事物的认识，有助于幼儿对社会有关知识的学习，发展幼儿的言语。在智育中，智力游戏占有特别重要的地位，它不仅有助于巩固知识，而且能活跃幼儿的思维，开发智力。

（3）劳动。劳动使幼儿在掌握知识技能的同时，又了解到实物之间的相互联系。在种植活动中，幼儿一方面学到植物种植的有关知识，另一方面又了解到植物生长和日光、空气、水、土质等的关系，从而培养幼儿用全面的、发展的观点去看待事物的能力。

（4）日常其他活动。日常其他活动是指幼儿上课、游戏等以外时间的活动安排，如早操、进餐、自由活动、户外活动等。日常其他活动也是向幼儿进行教育的好机会。如在进餐时，幼儿可以了解到自己将要吃的饭菜名称。教师在组织幼儿户外活动时，对随时观察到的事物进行引导。如"叶子长出来了，花开了""雪花是六个瓣"等，这样使幼儿对所观察到的知识掌握得更加确切，并进行一定的智力活动，从而完成智育的任务。

总之，幼儿园的智育是与德育、美育、体育互相渗透、互相促进的，幼儿园每一种活动中都有智育的因素，也都是进行智育的途径。

（二）国外幼儿智育的培养

1. 国外幼儿智育培养的理念

近年来，世界各国不断推动幼儿智育改革，形成了一些宝贵的经验，特别是进一步加大了政府的政策导向，强调儿童本位的理念，注重幼儿教师的参与，增强了与家长和社区的联系。同时，世界各国幼儿智育改革从总体上体现了一些基本走向，即借助政府力量推动课程改革，基于文化多样性构建适宜的课程体系，立足文化基础强调课程的本土化实践，实施教师专业标准，提升教师的课程实践能力。

（1）加强政府的政策导向。为了配合和有效推进幼儿园课程改革，各国政府出台了相应的政策、法规、课程标准，以确保课程改革的方向。这些政策、法规、标准对各国的幼儿教育的性质、总体目标、课程内容、组织方式、课程评价手段等做了明确规定，对幼儿园课程改革具有直接的规范和指导作用。英国在 2000 年 9 月颁布的面向 3～5 岁幼儿的《基础阶段课程指南》，明确提出了幼儿教育的六大领域：个性、社会性和情感的发展，交流、语言和读写，数学发展，认识和理解周围世界，身体发展，创造性发展。幼儿园课程设置基本上是依据这六大领域进行的。为了推动课程改革，英国还专门成立了课程设置委员会，并制定了相应的课程大纲，规定了具体的课程设置[①]。2000 年，美国开端计划项目署制定了《"开端计划"儿童发展结果框架》，将幼儿的学习内容划分为八个领域，2010 年 12 月又对该框架进行修订，扩展了幼儿的学习领域，并将框架更名为《"开端计划"儿童发展与学习框架》。这种政策的修订也有利于幼儿园及时调整课程设置，提高教育质量。瑞典国家委员会早在 1998 年就颁布了全国第一部幼儿园课程标准，后几经修订。课程标准规定了幼儿园的基本价值观和任务以及幼儿园课程的目标和准则，幼儿园课程主要根据国家统一的课程标准进行调整和设置。澳大利亚的维多利亚州于 2000 年修订了《课程标准框架》，规定了八大学习领域——艺术、英语、体育和健康教育、外语、数学、科学、社会和环境研究、技术，制定了这些学习领域的课程标准。加强政府的政策导向，不仅有利于统一幼儿园的课程标准，而且有助于提高

---

① 顾明远. 教育大辞典（上卷）[M]. 上海：上海教育出版社，1998：899.

幼儿园课程的质量。

（2）注重幼儿教师的课程参与。课程改革的成败与教师对课程的理解和教师实施课程的情况密切相关。幼儿园课程改革不断强调对教师的赋权增能，注重教师在课程改革中的参与权。幼儿园课程结构一般比较灵活，课程内容的选择也更具有灵活性。目前很多国家正在实施综合主题课程，活动的主题来源非常宽泛。瑞吉欧教育者认为，课程有"三分之一的确定和三分之二的不确定与新事物"①。"三分之一的确定"主要是教师对儿童身心发展的一般规律和教育基本原理的掌握，它的作用贯穿于课程活动的始终。"三分之二的不确定与新事物"是指教师要时刻注意观察、发觉、倾听和反思，以便及时应对课程情境的变化。瑞吉欧课程作为生成课程的典型代表，其课程内容主要来源于师生互动，强调教师根据儿童的需要、兴趣、所处环境等因素及时发挥决策权进行调整，适时生成新的课程内容，以最大限度地满足幼儿合理的兴趣发展和需要，促进幼儿的发展，体现了教师在课程设置上拥有较大的选择权和参与权。

（3）重视与家长和社区的联系。家长和社区的参与在幼儿园课程中起着不可忽视的重要作用。相比其他学段，幼儿园阶段是家长、社区与教育机构联系最为紧密的时期。世界学前教育组织和国际儿童教育协会于1999年制定的《全球幼儿教育大纲》中明确强调了家庭和社区在幼儿教育中的重要作用。该大纲在"幼儿的成长与家庭和社区的关系"中要求幼儿工作者：应该"与家庭进行交流"，应该"提供机会让家长和社区代表观察幼儿园活动"，应该"和家庭及社区代表合作制订课程计划、管理及评估等"，应该"提供机会让志愿者进入教室帮忙开展教学工作"②。联合国教科文组

---

① 王春燕. 对幼儿园课程预成与生成统一的思考［J］. 早期教育，2004（8）：8-9.
② 曹能秀. 学前比较教育［J］. 上海. 华东师范大学出版社，2009：121.

织早期儿童与家庭委员会主任约翰·贝内特在 2001 年和 2006 年分别撰写的《强势开端：早期教育和保育》和《强势开端Ⅱ》中特别强调了家长、社区参与在幼儿教育中的重要作用，并呼吁政府在制定政策时必须慎重考虑这一问题。家长参与幼儿园的活动，一方面，可以通过活动了解幼儿在园的表现，加深对儿童身心发展情况的认识，另一方面，家长可作为一种重要的课程资源，辅助教师完成对幼儿的了解、观察和指导任务。为了更好地实施幼儿教育，法国强调幼儿园必须向家庭开放，并与之建立和保持彼此信赖的关系，以此来充分发挥家庭在幼儿教育中的特殊作用[①]。德国的幼儿园被看作是专门协助家庭对幼儿进行教育的机构，这也充分说明了家长在幼儿教育中的重要性。社区参与幼儿园的课程能够充分利用社区的环境资源和场所为幼儿教育创建最佳的课程学习环境，也有利于调动社区人员参与幼儿教育的积极性，优化幼儿园课程。社区资源的有效利用能拓宽幼儿活动空间，扩大了幼儿课程的领域。美国芝加哥大学实验学校幼儿园为幼儿提供了社会研究领域课程，主张幼儿学习社区、家庭和自己这三种形式的课程。在英国，教师为了使儿童更好地理解四季变换，会充分利用社区的公园、绿地等资源设置有关季节的主题，让幼儿进行学习。为了形成幼儿的自我认同感和增加对周围环境的认识，英国的幼儿园课程还设有认识和理解"周围世界"这一领域，要求教育者在与幼儿的互动过程中，让幼儿学习自己生活的家庭和社区的文化和信仰。

（4）强调儿童本位的课程理念。幼儿园课程改革应特别强调儿童的兴趣、需要、身心发展规律，并从儿童的实际情况出发，构建真正有利于儿童可持续发展、和谐发展的课程，这成为当今世界幼儿园课程改革的基本共识。在幼儿园课程目标的确立上，各国始终坚持以幼儿的全面发展为本。

---

① 左茹．法国学前教育的特点及其对我国的启示［J］．前教育研究．2010（6）：49—51.

新加坡的幼儿园课程目标涉及对幼儿的自我意识、智力、道德、价值观、审美、生活技能、环境意识等多个方面，强调促进幼儿的全面发展，致力于培养完整的人，在其 2003 年颁布的《幼儿园课程框架》中，明确提出把"全面发展的原则"作为幼儿园课程设置的六项原则之一。澳大利亚全国幼儿教育发展战略提出了到 2020 年幼儿教育的目标是使所有的幼儿有一个最好的开端，为其创造美好的自我和国家奠定基础。英国政府在 2003 年出台了《2004 年儿童法》，法案以"每个儿童都重要"为国家幼儿发展的战略目标，从国家政策的角度对幼儿教育的发展提出了明确指向，其目的旨在促进儿童发展和获得幸福生活。美国的早期幼儿"开端计划"主要是通过政府对幼教的经济投入解决贫困儿童入园的困难，而后颁布的《早期学习机会法》则为全美幼儿的学习与发展提供了充分的法律保障，要求为幼儿的发展提供高质量的幼儿服务体系，使幼儿在此阶段获得有益的早期学习经验，并为将来的成功奠定基础。总之，"儿童本位的课程理念"得到了世界各国的普遍认同。

2. 国外幼儿智育培养的内容

（1）在传统与变革之间，国外智育遵循渐进式的发展模式。现代社会在国外的出现，似乎是水到渠成，自然而然的……传统与变革和谐地交织，恰似在同一长河中……当人们自以为是涉足在继承传统的源流中时，变革却如清新之水，已注入传统而融合于其中了[①]。国外的智育也在传统与变革中，实现了渐进式的发展。主要表现在：第一，通过立法的方式解决某一具体的问题。国外是一个重视立法的国家，如 19 世纪初期，幼儿教育多半是慈善机构或民间团体兴办，其发展显得分散而缺乏科学的设计。1870 年

---

① 钱乘旦，陈晓律. 在传统与变革之间——英国文化模式溯源［M］. 北京：人民出版社，2010.

的英国《初等教育法》力图建立公立教育制度。福禄培尔教育思想深入国外幼儿学校后，理念主义的课程模糊了对教育的精确把握。1933年，英国《哈多报告》的出台第一次以立法的方式将幼儿智育内容定位为"活动课程"，使幼儿智育内容的发展有了清晰的方向。进步主义教育思想对国外幼儿教育的影响可以说是根深蒂固的，然而，进步主义课程的弊端也很显见。1988年《教育改革法》统一了国家课程，将个体潜能的发挥与全面的发展结合起来，适应了时代的要求。第二，发展的进程是基于传统却又超越传统。国外有很多是典型传统的民族，它们率先完成工业革命进入工业社会，"教育的工业模式"非常明显，自由主义和经验主义的传统主张最小政府的信条。浓厚的等级观念和贵族精神造成国外教育中长期存在双轨制度。然而，保守的国外各国人却没有囿于传统的藩篱，站在传统的基点上重构了传统。例如，自由主义的传统深深影响了国外各国，即使在布朗政府出台的课程标准中，自由的理念依然贯穿在教育改革中，虽然削减了课程，但是其主要目的还是给予教师和学生更大的自由，更好地发挥自己的潜能。

（2）在多样性和灵活性之间，智育走向了统一国家课程。国外多国政府均不干预教育的传统，使得国外的教师有了更多的操作自由，学校课程设置、教学方法以及教科书等都由校长和教师自行决定。进步主义影响下的智育虽然整合了课程，但是由于没有统一的课程标准，智育的内容凸显了多样性和灵活性。后期国外各国均统一了国家课程，绘制了以核心课程和基础课程为框架的国家课程蓝图。此举也表明，国外政府摒弃了不干预教育的传统，国外的教育管理体制开始发生巨大的变化，幼儿教育在政府的干预和支持下，取得了很大的进步。

（3）在预设与生成之间，国外智育与社会发展紧密相连。历史的逻辑预设是一种基础性的叙事，它的生成和发展是一个漫长的过程，当人们去认知历史时，必须通过对历史时间和空间的还原，将诸多的人类行为的特殊样式以抽象的哲学思辨的方式体现出来，才能深刻反映历史生成和预设的统一，也才能深层次地揭示人类发展过程的经验和教训①。历史的每一步推进似乎都在铸造着一个崭新的物态世界。工业革命的发展逻辑将对人类传统的生产方式、生活方式、思维方式以及价值观念发生彻底的、结构性的颠覆。然而，这种发展逻辑从它的辩证性来看，其辉煌的一面掩盖不了令人忧虑的另一面，资本对人性的侵蚀、财富的两极分化以及社会制度的不平等这一系列工业文明带来的社会弊端。国外的教育中不平等的双轨制正是这种社会制度下的产物。纵观国外学前教育的每次历史演变，无不与当时国外社会的发展息息相关，因此，国外智育的历史演变与其说是教育本身发展的结果，不如说更是社会发展的产物。

3. 国外幼儿智育培养的途径

最近有调查显示，88.6%的中国家长在孩子上学前教孩子识字算数等知识，还有28.2%的家长让孩子学习外语，22.3%的家长让孩子学习小学课程。那么，国外的学龄前儿童受教育的情况如何呢？他们更注重怎样培养孩子呢？

澳大利亚孩子玩好最重要。澳大利亚幼儿教师的主要工作就是让孩子在幼儿园里玩得开心，培养他们独立的人格，帮助他们更好地与同龄人建立伙伴关系。幼儿园鼓励孩子们自己进食，自己穿衣服，通过游戏和寓教于乐的方式来认知这个世界。他们更注重培养孩子的体能和心智，经常让小的宝宝在冰冷的海水里嬉戏，或者就坐在沙滩上玩沙子，一副无忧无虑的天真模样。

美国幼儿园的课程设置有阅读、语文、算术、社会科学（包括历史及地理知识）、自然科学和音标，体育课是幼儿园的主要课程之一，中班就开

---

① 张雄．现代逻辑性预设何以生成［J］．哲学研究，2006（1）：26－27．

始设置计算机课程。以上课程所使用的教室和场地全部是现代化设备。在美国幼儿园食品的品质、营养的吸收也是这儿的一门重要科目。让孩子们在吃的快乐中懂得集体生活的重要性，因为吃饭给孩子提供了语言交流的机会，同时让孩子体会到食物的形状、颜色、气味以及用餐的规矩等。

日本注重培养孩子兴趣。日本人对幼儿启蒙教育，所期望的是能够让孩子们对社会有所认知，通过交朋友学会人与人之间的交往，并且在简单的玩乐中发掘出孩子的潜能，培养他们的兴趣。

德国家长认为培养孩子拥有初步的抽象思维能力，会为以后的教育打下良好的基础。数字类游戏、下棋、走迷宫、搭积木、玩魔方等是德国家长培养孩子抽象思维能力的主要途径。绘制地图是德国人的独创，常常可以看见在海滨的沙滩上，幼儿在父母的启发下，用小木棍画出记忆中的家宅。

在加拿大，宝宝稍大一点时可以送其到"playschool"，那里有美术、劳作、音乐及唱游等活动，但没有写字、计数等功课。加拿大早教专家认为，幼儿期是动作能力均衡发展的关键期，也是培养创造力的重要时期，若过早认字、写字和计数，会耗费幼儿的体力和脑力，延缓他们的动作发展。

在韩国，延世大学医学院小儿精神科的申教授因为每天接诊数十名因过度早教而患病的孩子，写下《明智的父母使孩子慢慢成长》，主张等到孩子想学的时候才让他开始学习，先旁观孩子所做的一切，发现孩子对某些事情感到好奇时，在后面轻轻推他一把即可。此外，要多让孩子接触无所不包的大自然。

意大利瑞吉欧幼儿教学体系是一个影响世界的幼儿教育体系。幼儿表达自我和彼此沟通的手段，以及教师判断幼儿理解程度的标志，不应只是语言符号，还应包括动作、手势、姿态、表情、绘画、雕塑等百种语言。瑞吉欧没有固定的课程计划，项目活动始于教师对幼儿的询问，发现幼儿的兴趣，解决真实生活中的问题。

（三）中外幼儿智育的差异

1. 中外幼儿教育的现状差异

中国拥有超过一亿的 0～6 岁的学龄前儿童，占世界同龄人口的五分之一。2007 年《全民教育全球检测报告》公布，2004 年全球幼儿教育毛入园率为 37%，其中有四分之三的国家达到了 75%，而中国仅为 40.75%，略高于全球平均水平。2003 年教育部《学前教育改革和发展纲要》规定，到 2007 年全国 3～6 岁儿童受教育率达到 55%，5～6 岁达到 80%；大中型城市普及 3～6 岁幼儿教育。但是，基于中国庞大的学龄前人口基数，不能接受幼儿教育的儿童人数依然巨大。

国外各国幼儿教育已经达到普及。法国约 2000 名人口的社区就有一个幼儿园，当幼儿达到 5 岁时，如果家长同意，可以让孩子提早入学。在德国，早期的幼儿园是中产阶级和贵族家庭的专利品，一般家庭的孩子是无法进入幼儿园的。第二次世界大战之后，幼儿园如春笋般迅速发展，除此之外，还设立了许多幼儿教育机构，不断创新，紧跟时代的步伐。英国在教育上有一个共识，即教育对民智的提高以及对民主政治的了解非常有必要。在这种思想的影响下，当欧洲许多国家大力推动教育政策时，英国仍然由慈善机构或私人志愿办理。

2. 中外幼儿在家庭中智育的差异

通过对比中外幼儿教育的文化和理念，中外教育体制和方式上都存在较大差异。根本原因是中外历史和文化以及教育理念的不同。中国重视家庭伦理道德教育，相对来说，国外重视社会公德教育。国内的幼儿教育机构大多数还是秉承传统的教育方式，将家庭道德伦理的教育放在重要位置。"老吾老以及人之老，幼吾幼以及人之幼""长者立，幼勿坐，长者坐，命乃坐""子不教，父之过"等都在强调伦理道德的重要性。国外会在幼儿教育方面更尊重儿童智力以及性格等方面发展的自然规律，顺应孩子的天性，不会束缚孩子的成长，多以引导孩子为主，将极大地发展幼儿的创造力。

赫尔巴特把兴趣看成是一种与漠不关心相对立的自立活动状态。依照他的观点，兴趣是意识的内在动力。中国的家庭、父母一贯主张对孩子要严格要求，强调纪律性，"一屋不扫，何以扫天下"，父母与孩子之间存在着管与被管的关系，这使得孩子从小就听从家庭、父母的安排，在行动和思维上都受到家长的制约。而孩子所谓的"兴趣"更是被父母打压。在一定程度上来说，中国孩子的独立生活与克服困难的能力远远不如国外的孩子，他们生活在父母的羽翼之下，缺少锻炼自己的机会。当大人在谈话时，如果孩子插进来一句话，中国的父母会对他们的孩子说："大人谈事，你一个小孩插什么嘴?"好问、好奇是孩子的天性，中国父母在呵斥孩子的时候已经在不断地抹杀孩子的天性了。

随着中外文化的不断碰撞，中国的教育模式也在发生着变化，尤其是幼儿教育，更加关注儿童的成长，以儿童为中心进行幼儿教育活动。近几年来，一些好的幼教机构也不断进行教育改革。这说明世界上不存在一种最好的教育方案能适应不同文化背景中的所有儿童，这是个不争的事实。因此，我们必须正视学前教育多元化的趋势，使得多元化和本土化相得益彰。

在国外家长和孩子看来，"父母"和"孩子"对于他们而言只是一个代名词，家长强调孩子顺其自然地发展，与孩子平等、和睦相处。父母经常与孩子坐在一起，讨论所谓的"问题"。夸美纽斯认为应该应用一切可能的方式调动学生求知的欲望，以获得最佳的教学效果。国外会在幼儿教育方面更尊重儿童智力以及性格等方面发展的自然规律，顺应孩子的天性，不会束缚孩子的成长，多以引导孩子为主，将极大地发展幼儿的创造力。在国外，经常会看到小孩们夹在大人中间，时常问大人一些可笑的问题，他们的父母非但没有要赶走他们，反而耐心地为他们做解答。好奇好问是孩子的天性。卢俊的自然主义教育认为"要以天性为师，而不以人为师"，意思是说既然是人应该成为天性所造的人，而不是人所造的人。他指出，教育若不符合人的自然天性，则不如不要教育；教师若不懂得依照自然规律来教育儿童，则不应成为教师。教育应顺应自然，顺应儿童的本性。

美国一位科学家福克曼说："固执与执着两者之间的区别非常微妙，如果你的想法成功了，每个人都说你非常执着、坚持不懈；如果你没有成功，人们就说你固执、顽固不化。"因此，国外的家长允许孩子"固执"，因为那里面可能有执着，应该允许孩子"不听话"，因为那里面可能有创造。这些理念在幼儿施教过程中，应该牢牢树立，给孩子预留更多的创造空间，不要把画红太阳、绿树、蓝色海洋强加于孩子……

3. 中外幼儿在社会中智育的差异

从现实中看，中式教育讲究的是权威式教育。中国学校教育大部分还延续着古人的传统授课的方式，以班级为单位进行授课，老师在前面讲课，下面是学生在认真听课。在学校，虽然很多老师在授课的时候很亲切，也很生动，听课的孩子也喜欢，但是为了维持课堂的安静，往往会要求小朋友坐得端正，双腿并拢，双手放在后背或者放在腿上。正因为如此，可能就拉长了老师与孩子之间的距离，使得孩子从小就被灌输"一定要听老师的话"的思维模式。某种程度上，限制了孩子的独立思考及思维灵活度。

在国外的很多学校包括在中国教书的国外老师，他们往往选择围坐的方式，老师和孩子围坐在一起，给孩子一个平等的空间，进行互动式授课。这使得老师和孩子很亲近，每个孩子都能够有一个发挥"自由想象"的空间。从而通过先模仿后自由发挥的模式，很大程度上激发了孩子自主学习的性质和不断地进行自我调整。裴斯泰洛齐认为心智教育的根本任务是在帮助儿童积累一定范围知识的基础上发展他们的智力。他极力反对督促学生死记硬背式的教学方法，而主张在教学中重视智力发展，把发展思维能力放在首要的地位。

（四）中外幼儿智育的案例分析

1. 引导幼儿主动学习

早锻炼时，幼儿正在自己喜欢的活动区嬉戏。突然，蹲在沙地旁的杰杰一手指着地上一团黑乎乎的东西叫喊着："老师，快来呀！这里有一只蜈蚣！"我连忙跑过去，一边疏散前来围观的幼儿，一边告诉他们蜈蚣是有毒的，被它咬到是相当危险的。可是幼儿的好奇心和探究心让他们久久不舍得离去。我找来瓶子，小心地将蜈蚣放入瓶中，并在早操后将它带进了班级。我临时改变了原来的活动内容，改成"探索蜈蚣"的学习活动。从让幼儿回忆是否看见过真实的蜈蚣到讲述对蜈蚣细致观察后的感受；从讨论蜈蚣的外形特征和生活习性到分小组去资料库翻阅资料；从有幼儿提出异议"瓶中的小虫是蜈蚣还是马陆"到以绘画的形式将它们区分开来，幼儿对蜈蚣有了较为详细而全面的了解。

案例分析：我们看到，通过亲近和感知自然界的一系列活动，幼儿的好奇心得到了满足，自我学习的能力有了提高。幼儿不仅获得了详细且丰富的知识，而且增强了伙伴间的合作意识和责任感，培养了他们良好的观察习惯。

自然界也是幼儿的教师。在幼儿的一日活动中，我们应当追踪幼儿对自然界的探究，挖掘教育开辟了一块场地，供幼儿自发创设场景和自由表演。通过一段时间的观察，我发现"小课堂"是幼儿最常创设的场景。幼儿对教师执教时样子的模仿，简直就和教师平日上课一模一样。一些幼儿对知识的复述和当时的灵机一动，随机转换活动内容，生成幼儿感兴趣的活动内容，做到寓教于乐。

事实证明，充分调动幼儿自主学习的内驱力，如兴趣点、好奇心、模仿欲和表现欲等，在整个活动过程中是非常关键而必要的。教师应该及时且准确地捕捉幼儿的兴趣点，珍惜并利用好幼儿的好奇心。同时，在遵循幼儿爱模仿、爱表现的年龄特征基础上，将其兴趣点巧妙地导入活动的过程中，将幼儿的好奇心始终贯穿于整个活动中，准确把握好其喜爱探究的心理，有意识地创设各类丰富多样的便于幼儿自我学习和相互学习的平台，让他们在积极的互动中得到学习能力及综合能力的提升。

2. 培养幼儿良好的读书习惯

"陈老师，安安把书弄破了""陈老师，响响也把书撕破了——"午饭后不时有幼儿到我这边来"告状"。近几天，频频有书被撕破掉页的状况发生。针对这种现象，我仔细地观察了中午餐后小朋友都是如何看书的。

一天午餐后，孩子们开始在分享图书的区域阅读读书，只见，安安手里拿着两本图书，还和旁边的新新在打闹，不一会儿，图书就有掉页的迹象了。祺祺拿着书在一边翻看着，铭铭走过来嘴里说着什么，接着要拿祺祺手上的书，祺祺不乐意，两人一人拿着书的一边抢了起来，一来二去，这本图书的封面就掉了下来。还有几个幼儿呢，不停地来拿图书，手上已经快拿不住了，就开始放在自己的小椅子上，好像在玩卖书一样的游戏。

看到这里，我的火气就上来了，但是我还是忍了回去。我觉得作为老师应当引导幼儿更好地养成读书习惯，而不是批评。于是，我跟他们讲了一个好玩的故事，听了故事问他们好不好听，孩子们都说很好听。于是我就顺势告诉他们，好听有趣的故事都在书里呢。我们看图书的时候要向故事中的巧虎学习，好好保护图书，大家都想看的时候要一起看，而不是抢，可以轮流看。

案例分析：在学龄初期，主要是通过阅读培养孩子的兴趣，而在阅读的过程中要非常注意培养幼儿的阅读习惯。学龄初期是基础阶段，养成良好的读书习惯可以更好地培养他们的阅读能力。对于本次观察情况的分析如下：①家长对幼儿早期阅读的培养不够重视，对于家长在家和孩子一起阅读的情况不是很理想。②幼儿对爱护图书的意识还不够，不管是别人带来的图书还是自己带来的图书。

于是针对幼儿的情况采取了一系列的方法，首先就是要激发幼儿的阅读兴趣，从而培养和提高他们对书本的保护意识。例如，"书中找宝贝"，我把幼儿喜欢的动物卡片、饰品等夹在书里，告诉幼儿宝贝藏在第几页，然后让幼儿去找，并在宝贝旁边画上一个水果或者动物，让幼儿指着说出来，之后才能寻找宝贝。当孩子们发现宝贝时，比捡到真的宝贝还开心。这样做不仅培养了幼儿的阅读兴趣，还锻炼了幼儿的耐心。

3. 好玩的七巧板

11月初，我们班引进了"七巧板"，每人一副，摆放于区域当中。这是一种新型的七巧板，与传统的七巧板在形状上有很大不同，但却能更好地启发幼儿的思维。小小的七块板，能够拼出无数东西，是启发幼儿思维的一套很好的玩具。孩子们接触七巧板已经有1个月了，而且老师也已经教了一些内容，每天晨间接待的时候，孩子们都会玩这个。

区域活动的时间到了，大家又开始自由选择区角，有很大一部分人选择了益智区，而且他们基本上选择了七巧板，只见他们每人拿了一副七巧板后就开始拼了起来。彤彤拼了一个和尚，他们组的其他小朋友也全跟着拼和尚；彤彤拼了一把金钥匙，所有的人又跟着他一起拼金钥匙；彤彤拼了一辆汽车，这下，很多小朋友不会拼了，他们全围着彤彤的汽车转："这个是怎么拼的，我不会拼"有几个孩子请彤彤教，有几个孩子开始自己继续拼和尚、金钥匙了。学拼汽车的小朋友没多久就学会了，可是那些拼和尚的小朋友，已经开始在聊天了。

由于要参加区里面组织的七巧板比赛，彤彤作为候选选手一直在参加专门的培训。她接触七巧板的时间比其他小朋友多得多，而孩子们也都知道这件事情，所以他们全喜欢跟着彤彤拼，当彤彤拼和尚、金钥匙的时候，所有的人跟着拼了，那是由于老师教过这两种图案的拼法，所以他们会拼，也就跟着拼了；可是当彤彤拼汽车的时候，由于这是老师没有教过的，所以有的孩子就放弃了，他们不愿意再拼，有的孩子则有求知欲，主动向彤彤讨教，因此学会了。那几个不愿意学的孩子，在拼了几遍自己已经会拼的图案后，就不愿意再动手了，开始聊天，这主要是由于他们缺少探索精神，不愿意去尝试自己没有接触过的内容。可以说，他们的求知欲望没有被激发，而且因为每天早上他们都在拼同样的内容，因此，他们已经兴趣缺失。

案例分析：教师应该通过多种途径激发孩子的这种探索欲望，首先我们可以让孩子们看书上所有的图案，跟他们说："这都是七巧板拼出来的，这个七巧板可神奇了，只要稍微改变一下，就能变一个模样，只要你用心，你肯定能够学会。"其次，教师可以组织几次竞赛活动，通过比赛的形式，激发幼儿的求胜心，激励他们去主动探索。

三、中外幼儿体育培养的比较

（一）中国幼儿体育

1. 中国幼儿体育的理念

（1）主体性教育理念。陈鹤琴先生主张：学习应以幼儿为主体。他说："儿童的世界是儿童自己去探索、去发现的。他自己求来的知识才是真知识，他自己发现的世界才是真世界。"当儿童有好动的天性和能力的时候，儿童才愿意做游戏——我要玩。当幼儿主动参与时，不仅能充分调动自己的学习和发展潜能，积极地吸收游戏情景中的信息，主动地适应情景，而且有助于幼儿形成一个积极的自我概念。

（2）新《纲要》理念。《幼儿园教育指导纲要（试行）》（以下简称《纲要》）指出，"开展丰富多彩的户外游戏和体育活动，培养幼儿参加体育活动的兴趣和习惯，增强体质，提高对环境的适应能力"。"用幼儿感兴趣的方式发展基本动作，提高动作的协调性、灵活性"，"在体育活动中，培养幼儿坚强、勇敢、不怕困难的意志品质和主观、乐观、合作的态度"，"培养幼儿对体育活动的兴趣是幼儿园体育的重要目标，要根据幼儿的特点组织生动有趣、形式多样的体育活动，吸引幼儿主动参与"。主体性教育思想和开放性教育思想及《纲要》的理念，为我们更好地改革体育活动，促进幼儿身心健康发展指明了方向。新课程理念下传统的幼儿园体育已经不能满足和促进幼儿身心和谐健康的发展。我们认为，幼儿的健康发展是一个需要外部的"健康促进"和幼儿内在的主动发展的过程。我们为幼儿打破传统的体育课的外部环境，取而代之为适应幼儿身心发展需求的多样化的外部环境：层级化的体育目标、多元化的体育内容、超市化的体育活动、社区化的专项运动等，满足身心存在很大差异的幼儿的不同活动需求，避免整齐划一的体育目标和要求对幼儿发展造成的弊端，以开放的态势，有趣味性和针对性地促进幼儿身心自主、自愿、自发地获得主动发展[1]。

2. 中国幼儿体育的内容

有关幼儿体育的内容和要求，在我国《纲要》中有所规定，大致包括基本动作（走、跑、跳、投、攀和爬）、基本体操（徒手操、轻器械操、模仿操）和队列队形练习（站队、变队、转身、散开和集合等）等方面的内容。通过基本动作的练习，可以使幼儿的肌肉得到锻炼，机体的活力和各

---

① 林红. 幼儿体育特色教育研究与设计［M］. 宁波出版社，2009：4.

器官系统的生理功能得以提高，它可对幼儿的有机体全面施加影响，有利于幼儿的正常生长发育和身体健康；通过基本体操练习，可以使幼儿逐步养成正确的姿势，使幼儿的协调性、准确性、注意力、意志力等都得到发展；同时，也能使幼儿养成控制自己行为与集体一致的品格；通过队列队形练习，可使幼儿逐步养成在集体中使自己的动作与集体协调一致的能力和习惯，并能很好地发展其空间知觉。

虽然以上这些内容在《纲要》中已有所体现，但当前我国幼儿体育内容的实施还不太全面，缺乏一定的连续性和系统性，也普遍存在较大的盲目性。走、跑、爬、攀四类教材大多符合幼儿的年龄特点，是幼儿在游戏、活动和生活中最基本的活动形式，它对幼儿园的场地、活动设施的要求较低，其内容比较容易组织，而且也较安全。跳、投类的内容不够，这主要是因为各带班教师对跳、投之类教材的动作技术、组织教法等内容的掌握较难；另外，在幼儿体育中，体育和卫生的基础知识是最薄弱的环节，分析其原因：一是在《纲要》中幼儿体育的重要地位和作用虽得到肯定，但并无对此项内容的明确、具体要求；二是幼儿园各带班教师本身在幼儿体育的理论和技术的掌握方面很薄弱，故她们在贯彻执行《纲要》时，缺乏有目的、有计划、有系统地把与教材相关的体育卫生知识有机灵活结合的教育能力。

3. 中国幼儿体育的途径

我国幼儿体育的途径要在整个教育过程中，贯彻启发性教育原则，激发幼儿学习和锻炼的兴趣，活跃幼儿的思维，培养其主动性、创造性，发展其能力。体育常用的方法有语言法（包括讲解、提示、口令，信号、默想和评价）、示范法、练习法、游戏法等。此外，还有比赛法、模仿法、领做法、具体帮助法和循环练习法。

（1）注重规律特点。幼儿体育必须遵循人的认识规律和幼儿认识特点、动作形成规律、人体机能适应性规律、人体生理功能能力变化规律和幼儿心理活动的特点，并且注意处理好知识、技能教学和发展身体、增强体质关系，品德、智力教学与知识、技能教学和锻炼身体、增强体质关系。

（2）掌握口令信号。熟练而机智地运用口令是教师进行体育教学和组织体育活动不可缺少的技巧。口令要洪亮、清晰、准确，语气要果断，声调要有感情。信号是指用拍手、鼓声、音乐、呼数、哨音等声响来帮助幼儿做练习的方法。信号的运用要及时，声音高低要适当，音乐、鼓点等连续信号的速度和节奏，要根据动作和游戏情节的需要而变化。

（3）做到科学合理。安排幼儿体育课和体育活动时，应照顾到他们的生理负荷和心理负荷，这是体育教学的基本要求。要做到这一点就须做到：合理安排每课的教材和确定课的任务，合理安排和调节负荷节奏，灵活运用教法（练习法、鱼贯练习法、巡回练习法），充分利用场地、器械。

（4）抓好上课环节。上课是课堂教学的中心环节，是完成既定教学任务的重要的环节。幼儿园的体育课有多种类型，普遍采用综合课，这与幼儿体育课任务的综合性、多样性有关。所谓综合课，既教新教材，又复习已学教材。幼儿体育课的结构包括准备部分（做好身体、心理准备）、基本部分（学习体育知识、动作、发展体能，增进健康，培养良好的道德品质和社会行为）、结束部分（使幼儿逐渐恢复到安静状态，有组织地结束教学活动）。体育课的结构要根据人体生理功能能力变化规律、知识、技能教学规律、课堂幼儿心理活动变化等规律；根据课的任务、内容、幼儿人数、场地、器材等条件进行设计。课的结构和模式不是固定不变的，应从有利于更好地完成课的任务出发点，课的进行符合幼儿身心的各种因素，以及教师本身特点而灵活变化。

（5）开展户外体育活动。户外体育活动是幼儿园体育的重要组织形式之一。户外体育活动，应选择适合幼儿年龄特点的内容。活动内容应与体育课、早操的内容相配合，既注意复习、巩固已教的内容，也适当教些新的内容，包括基本体操的基本动作，游戏、各类器械练习、冰上游戏、日光浴、冷水浴等自然力锻炼；组织观看体育题材的电视、电影、录像、幻灯片或讲故事活动（一般应在雨雪天，即室外不能进行体育活动时进行）。户外体育活动，可分全班集体和分散两种形式，分散活动可以个人活动，也可以小组活动。活动时间最好上、下午各有一次，每次活动时间要根据幼儿年龄、体力、活动内容、季节气候等条件而定。小班 20 分钟左右；中、大班 20～40 分钟。要在阳光、气温条件合适时进行活动。

（二）国外幼儿体育

1. 国外幼儿体育的理念

德国学前教育界认为运动对幼儿大有好处，如爬、跳、跑等，幼儿天生就喜欢运动。除了健康，运动对幼儿的社会性和情感发展也有益。在游戏中，孩子们必须合作，通过讨论来找出一条合作的具体途径。他们必须遵守游戏规则；必须为他人着想、互相帮助。慕尼黑大学教授罗费欧特博士指出："运动对幼儿是非常重要的，对于知识的建构和感知觉的发展尤其如此。这一点会在以后的发展阶段中显现出来。"婴儿通过运动和感觉来认识环境，通过物体的起落了解世界。幼儿认识到事情都是有前因后果的，并以不同的途径理解事物的内部联系。随着活动范围的扩大，幼儿的自信心不断加强。罗费欧特博士说："运动不光有助于身体的健康发展，还有助于自尊和自信的确立。"幼儿这种对自己身体运动的掌控能力可迁移到日常生活中去，使他们能在各种不同的情境中应付自如。身体动作也是社会交往的手段之一。但要考虑以下两个方面：一个是非正规的活动，幼儿不受拘束，兴致盎然。这类活动很常见，对幼儿的社会经验很重要；另一个是正规的活动，如角色游戏、建构游戏等，强调活动的计划性和同伴间的协调一致，也正变得越来越重要①。

2. 国外幼儿体育的内容

英国体育课程强调在精神、道德、社会、文化、技能等方面促进学生学习和发展。英国体育教学内容主要由两个部分组成：一是知识、技能和理解，二是学习广度。关于知识、技能和理解这一部分，四个关键阶段均包括获得和发展技能、选择和应用技能、战术和思想，评价和改进活动以及体能和健康的知识与理解等内容；关于学习广度这一部分，四个关键阶段的内容是随着关键阶段的升高而有所不同。例如，在关键阶段 1 学习广度部分，学习内容包括舞蹈活动、游戏活动、体操活动以及非规定的活动（如游泳和水上安全问题）等；在关键阶段 2 学习广度部分，学习内容包括舞蹈活动、游戏活动、体操活动、游泳活动和水上安全运动、户外和冒险活动等，学生只能从后三项活动中选择两项进行学习，但游泳活动是必选的教学内容；在关键阶段 3 学习广度部分，学习内容包括从游戏活动、舞蹈活动、体操活动、游泳活动和水上安全运动、户外和冒险活动等中选择四项内容，但游戏活动是必选内容，舞蹈活动或体操活动中必须至少有一项被选择；在关键阶段 4 学习广度部分，学习内容包括两项，即从舞蹈活动、游戏活动、体操活动、游泳活动和水上安全、运动活动、户外和冒险活动等中选择两项进行教学。由上可见，随着关键阶段的升高，学生选择的活动项目也逐渐减少。

德国 3～6 岁的幼儿，90％进幼儿园，体育活动在幼儿园日常生活中占有重要地位。幼儿园的章程中明确规定："要为儿童提供各种体育活动的机会，安排儿童从事内容丰富的游戏和活动，保证儿童在每天早晨和其他时

---

① 上海市卢湾区奥林幼儿园编著，张颖主编. 我运动我探索我快乐［M］. 上海：上海社会科学院出版社，2009：6.

间都有体育活动。"目前，5 岁～6 岁半的儿童有 10％左右参加了德国体育和体操联合会。游泳也是幼儿园学习的内容。由于游泳被列为必修课，使德国每一个健康儿童都会游泳。

匈牙利、捷克两国都十分重视幼儿园的体育，全国有统一的教学大纲，按大纲要求，幼儿园每天有 10 分钟的体育课，1 小时半的室外体育活动。匈、捷两国重视幼儿的游泳和体操训练，各城市建立了游泳、体操学校，吸收 3～6 岁的幼儿入学。

在保加利亚的一些幼儿园中，幼儿入园后，根据身体素质、体形和特长分班，孩子们从 2 岁开始分别进行田径、游泳、体操等各种锻炼。例如，田径项目有三十米跑，跳远，用左、右手推小皮球，推一公斤重的小铅球，有时为锻炼孩子的耐力，也训练长跑。幼儿园还为每个儿童建立了体育档案，他们的训练情况和各个时期的运动成绩都详细记录在册。以后，体育档案就随着每个人走向小学、中学和大学。

3. 国外幼儿体育的途径

开展运动游戏课程属于幼儿园体育的途径。德国幼儿园的运动可以分为两类。第一类是弥补运动不足、促进儿童发展的一般运动，包括奔跑—跳跃—投掷运动、器械运动、滑行—骑行—滚动运动、水中运动等内容。第二类是由教师引导的针对儿童发育、发展障碍开展的早期促进运动，包括基本的感官体验、基本运动形式训练、社交自主性训练（通过游戏让儿童彼此间建立联系）、自我效能感体验（让儿童自己动手改变、影响、控制一些东西，培养他们对自身能力的自觉意识）等。

幼儿园每天为儿童的运动和游戏提供尽可能多的自由时间。教师在这些时间里非常仔细地观察儿童，了解每个儿童不同的发展状况和需求，并在此基础上做好课程计划。教师引导的运动游戏课：每周至少在运动室、户外场地、大自然或游泳池里开展一次教师引导的运动游戏课，每次至少

45分钟。这些课的目标设置可以多样化，根据故事做游戏、边唱边跳等活动可以促进儿童语言能力的发展，攀爬、悬挂和保持平衡的运动可以促进儿童大肌肉的发育，不同大小和材质的骰子游戏可以促进儿童小肌肉的发育；每天15分钟教师引导的运动游戏：每个班级每天应该进行15分钟教师引导的运动游戏。跳圆圈、跳绳等小游戏可以锻炼儿童的感知能力，还可以为儿童日后进行体育游戏培养基本的运动能力。除了单独设置运动游戏课外，运动幼儿园还提倡在其他教育领域里增加运动元素。

另外，在德国，几乎每个幼儿园里都有这样一些儿童，他们运动技能不熟练，或者特别胆小或冲动，或者语言发展异常。这些儿童需要在发展过程中得到额外的、具有针对性的运动游戏课程的支持。运动幼儿园每周特别为这类有发展困难的儿童提供1～2次的促进课程，并专门配备一名受过精神运动学专业培训的教师负责这些儿童的发展促进工作。同时幼儿园还积极与从事精神运动学工作的体育协会合作，寻求专业人员的支持。在德国，一旦儿童被确认为有特殊的发展需求，经过当地青少年局、卫生局和劳动社会局的确认后，政府会免费为其提供发展促进服务。为了保证运动幼儿园的教育质量，每个班级必须有一名教师参加过至少60个课时的关于通过运动促进儿童发展的专门培训。目前被承认的教师培训机构有州体育青年协会、体操协会、联邦行为与运动促进工作委员会、州体育联合会、运动教育与运动矫治学院、社会专科学院、护士学院等。

（三）中外幼儿体育的差异

1. 中外幼儿体育理念上的差异

国外重视科学指导和自然适应训练。教师很注意幼儿体育锻炼的科学性。例如，记录幼儿在一周心率的变化，观察研究幼儿生活节奏和保育的关系；在幼儿体育运动后，及时测量幼儿机体生理活动反应，为掌握体育锻炼的运动量和时间提供科学依据；通过拍摄幼儿体育活动的录像，分析体育活动对幼儿身体发育的影响，分析幼儿动作发展情况，研究如何培养幼儿正确的动作。国外儿童衣服普遍穿得很少，体质较好。如5月初的国外，气温一般在20℃左右，幼儿园的小朋友却只穿汗衫、短裤，即使在冬天儿童也是穿短裤的。在一天的活动中，儿童喝的全是凉的自来水（国外自来水消毒过滤较好，可以直接饮用）。午饭是孩子们早晨从家中带来的，在5月份的气温下，孩子们的盒饭不蒸热，中午直接吃冷食。这种做法可以锻炼孩子们的肠胃功能和增强他们对环境的适应能力。中国由于独生子女较多，使我们对幼儿的卫生和安全问题非常重视，对幼儿的过度保护及对幼儿行为的过度限制成为幼儿体育良好开展的瓶颈。大部分幼儿园追随社会上重视学习知识的风气，特别重视知识技能传授，开设了弹琴、画画、外语等兴趣班。对孩子的安全教育和卫生教育、疾病预防十分重视，而对幼儿体育不够重视。有的把幼儿体育专业化和成人化，认为只有开展这种体育才是体育，户外游戏只是瞎玩，对幼儿体育研究很不深入。

2. 中外幼儿体育环境场地和设备建设上的差异

（1）国外幼儿园一般有宽敞的体育活动场，地面一般铺着一种特制的红色沙土，松软而富有弹性。孩子早晨到园后，就身着汗衫、短裤，有的还赤着脚，在运动场上进行各项体育活动。场地四周设有各种运动器具，如秋千、单杠、平梯、山洞、滑梯、荡绳；此外还有一个大型多功能的攀登架，孩子们既可以攀登，滑滑梯，又可以在网绳上爬行。单杠、平梯在我国幼儿园中很少设置，担心悬吊动作会使孩子肩关节发生脱臼和肌肉扭伤。从实际情况看，这类运动很受幼儿喜爱。在运动场的一端有一个面积较大的沙坑（约有16平方米），配合玩沙游戏备有木铲、水桶、簸箕等。在这样的沙坑中，教师几乎可以带领全班幼儿在沙坑里挖山洞、堆沙丘、开水沟等。

（2）体育设备多，条件好，注意利用园内的自然条件，开展体育活动。如他们在两棵树的树干上架一根较粗的木头，在木头上系着两根粗绳，绳上打着几个结，幼儿坐在绳末端的结上，双手拉住绳，前后晃荡，犹如荡秋千。他们还在沙坑两边的树干上，分别在上下结两根粗绳，让年龄稍大的幼儿双手拉着上面的绳子，双脚踩着下面的绳子，从一端一步步地走向另一端。通过这类活动，可以锻炼、培养幼儿的勇敢精神、平衡力和灵活性。而我国的人口众多，幼儿教育事业这几年处在高速发展阶段，幼儿入园率迅猛提高，而国家对幼儿园投入远远不够，从城市人口剧增，而幼儿园人数严重超员，一般都达到每班 40～50 名。国家规定为 35 名以下。年龄越小人数越少。虽然人数很多，但场地普遍狭小，人均不足 2 平方米的户外场地，人均不足 1.5 平方米的室内活动场地的幼儿园在大中城市普遍存在。幼儿园虽然也有各种丰富的器械，但人均配置严重不足，严重限制了幼儿活动。

3. 中外幼儿体育活动时间的差异

国外幼儿户外活动较长：孩子们从 8：30 入园一直可以活动到 10：15（10：30 有一次全班性的集体活动）。在这段时间里，每个幼儿都可以充分地活动，体力、脑力得到一定的锻炼。我国大部分幼儿园重视知识技能学习，规定幼儿园每天上、下午有一个小时户外活动，但大部分幼儿园活动时间较短。而且有很多园为保证孩子安全，只要天气有所变化，就不组织幼儿户外活动，有的幼儿园只让孩子户外做操就回班学习。

4. 组织自由开放

国外幼儿园户外活动既没有区域的限制，也没有班级和年龄的限制。活动以幼儿为中心展开，幼儿可以根据自己的需要探索环境和自由地与任何孩子、教师交往，教师只是根据需要援助指导幼儿。允许幼儿根据自己的水平尝试一些非常规的、看似危险的活动方式。而我国大部分的幼儿园对每班孩子每天的活动地点、内容做了限制和规定，限制孩子的活动方式，更多地用同一种方式要求幼儿，一般不允许尝试非正规的活动方法，禁止幼儿在活动中进行看似危险的探索。教师在幼儿体育中更重视指导的直接性，场地安排的秩序性，防范安全事故的严密性。

总结来看：理念上，国外注重活动的科学性研究，允许冒险，中国幼儿体育注重安全教育，缺乏全面重视；环境上，国外更注重高质量的丰富的物质环境的创设，我国因为资源投入不足，整体环境较差；内容上，国外注重自然适应性自由活动，我国则注重全面保护下的器械游戏；时间上，国外幼儿园每天大部分时间组织幼儿户外运动，而我国幼儿活动时间较短；组织上，国外重视自主自由的活动探索，注重科学研究制订合理的指导方案，进行科学性指导，我国对孩子的活动限制太多，对幼儿体育研究不够深入。

（四）中外幼儿体育的案例分析

1. 玩河蚌夹

混龄体育活动开始了，可怡来到追逐奔跑区的场地，看到地上放了好多河蚌夹的游戏材料。便上来选了一个河蚌夹往身上套，可她却怎么也套不上去，弄了好一会儿，婷婷看见后跑过去给她帮忙，还是没有弄好，婷婷便跑过来对我说："丁老师你来帮可怡一下。"我说："要我帮张可怡什么？"婷婷说："可怡要玩这个，你帮她背好。"我说："好，我只帮你背一半，另外一半自己想办法。"于是可怡和婷婷就开始玩了起来，我看了看可怡背的河蚌夹，哈哈，原来，她只背了一个背带也在玩，而且玩得很开心，张开双臂不停地来回飞舞着……

"河蚌夹多种玩法"活动开始了，我讲清要求后，小朋友自由结伴，2人1组，想出各种不同的玩法：有两个小朋友各拿一个河蚌夹同时奔跑；有一个站着，一个钻进河蚌夹里；有一个小朋友躺在河蚌夹上，另一个小朋友模仿他的动作；还有多个幼儿一起玩追逐游戏，将"小鱼"夹进河蚌夹里……孩子们不停地忙碌着，脸上挂满了笑容。

河蚌夹多种玩法又开始了，我提出大家可以利用辅助材料玩河蚌夹的要求，只见婷婷把沙包投向河蚌夹，说是在"打怪兽"，一会儿可怡他们几个把河蚌夹护住自己的身体，蹲在地上一动不动"装死"、有的把身体卷在河蚌夹里躺在地上以躲避被人打到。小朋友把河蚌夹平铺在地上，身后拖了条尾巴，说是孙悟空练本领……我提供的辅助材料每种都被幼儿利用上了。

案例分析：婷婷在我班是一个很活泼的孩子，当她看到别人有困难时，就主动去帮助，当解决不了时会向成人求助。可怡小朋友比较内向，但是她喜欢体育活动，能和同伴一起玩。我班有的幼儿已具有一定的合作能力和解决问题的能力。同时我发现河蚌夹这种玩具，可玩性很强，幼儿非常喜欢玩，使我产生了利用河蚌夹组织幼儿进行合作游戏的想法，以此来进一步培养我班幼儿的合作能力。

通过这次活动可以看出，孩子们都具有一定的合作能力，关键是老师是否能给幼儿提供合作活动的时间和空间，让他们具备这种合作活动的条件。在河蚌夹的多种玩法中，幼儿虽想出了许多办法，但是辅助材料单一，在某种程度上还是限制住了幼儿，下次可以提供一些辅助材料，如沙包、小背篓、尾巴等，再组织幼儿进行合作，进行探索。老师提供了丰富的辅助材料，不但激发了幼儿的创造性，还给幼儿提供了合作的游戏的空间。孩子们通过活动进行了2人合作，甚至进行了多人的合作，从活动中可以看出孩子的合作能力是不断提高的，同时也能看出孩子们个个洋溢着合作成功后的喜悦。

2. 学跳绳

晨间活动时，孩子们开始尝试练习跳绳了，个个兴趣盎然，妍妍正在尝试练习分解动作，摇绳、双脚跳起，这时送她入园未离开的妈妈看见了，就用手指着她说："妍妍，你看赵庆杨跳得多好，你怎么还不会跳，快跟她学学！"说完，妍妍更显得手忙脚乱。一会儿晨练结束了，她无精打采地收起跳绳，整个上午她一直闷闷不乐，户外活动时也没有再练习跳绳。看到这种情况，我想这一定是由于早上她妈妈的做法不对，让妍妍产生了畏难情绪，如果孩子处在这样一种心理状态下，怎能学会跳绳呢？想到这儿，我决定找她妈妈谈一谈。傍晚离园时，我对她妈妈说："早上你说完后，她就再没有练过跳绳。""她会作气呢？"妍妍妈妈直率地说。"其实，妍妍学东西很快，练跳绳时特别认真，现在几个分解动作已经练熟了，只差一点儿就能连起来跳了，你那么一说，她就不练了。"妍妍妈妈不好意思地笑了："是的，我太心急了，现在怎么办呢？"我建议她：加强练习的次数，可用比赛形式与孩子比一比，看谁先学会跳绳，谁跳得多，增强妍妍尝试练习的兴趣。妈妈听后连连点头，表示赞同。以后几天中，妍妍对我说："老师，我要赶快练习跳绳，争取超过妈妈。"平时晨间活动中，都可看到她练习跳绳的身影。几天过后，妍妍高兴地对我说："老师，我会跳绳了，你看。"边说边轻松地跳了起来。

案例分析：《纲要》中明确指出要进行家园配合教育。我们都知道，家长们都希望自己的孩子超过别人，常常将自己孩子的表现和别的孩子做横向比较，当发现自己的孩子不如别的孩子时，就会着急，对孩子产生不满，数落孩子。家长并没有意识到自己在教育态度及方法等方面存在着问题，而是把原因归结在孩子身上。当我发现家长的教育问题后，耐心地做家长工作，使家长认识到自己不良的教育心态与方式给孩子带来的负面效果。在此基础上，及时向妍妍妈妈宣传科学的教育原则，提供具体的教育方法，使其产生良好的教育心态。孔妍在主动积极的尝试中很快学会了跳绳，也有了成功的喜悦和参与体育活动的快乐。这一切说明，只要家长教育心态正确，积极配合，教育就会事半功倍。

游戏中积极有效的互动除了要家长与教师互相配合外，还需要教师善于转变角色。当幼儿在游戏中遇到困难时，教师以"协助者"的角色发起；当幼儿对游戏的兴趣减弱时，教师以"参与者、引导者"的角色发起；当幼儿对游戏的参与积极性很高时，教师以"鼓励者"的角色发起；当幼儿对游戏的方式提出建议时，教师以"支持者"的角色支持幼儿发起主动互动。只有不断地转变自己的角色，才能使教师对幼儿的影响保持最佳状态并以积极的态度回应幼儿的互动，以积极的方式引导幼儿的呼应。

3. 常规教育≠画地为牢

在一次大班的体育课中，我发现有一组孩子在老师交代后不停地张望、等待，直到一个孩子问："老师，可以参加活动了吗？"老师说："好，现在可以开始活动了。"这时，孩子们像接到圣旨一般，立刻投入到活动中去了。"老师，我们可以用绳子玩揪尾巴游戏吗？""可以呀，你们开始吧。"……整个活动从表面看进行得有条不紊：没有一个孩子扰乱活动秩序，没有一个孩子大声讲话，孩子们的行动都要经过老师的允许。但我总觉得有些沉闷和压抑。当我就这点询问旁边的老师时，她说："这个班的常规教育非常好，孩子们不论是吃饭、上厕所还是排队做操，都特别规矩，干什么都要经过老师的允许，而且老师一说什么，他们很快就能按要求做到，很少违反纪律。"呆板、教条、沉闷……这就是优秀的常规教育带给孩子们的吗？

案例分析：针对传统教育在实施常规教育时，将常规和自由二者相互对立、认为常规教育是维持教育秩序的手段这样的错误，蒙台梭利从她的儿童观出发，提出了她自己的常规教育理论。"我们并不认为一个人像哑巴一样默不作声，或像瘫痪病人那样不能活动时才是守常规的。他只不过是一个失去个性的人，而不是一个守常规的人。"这句话很好地诠释了蒙台梭利眼中的常规。在她看来，常规教育的目的不是限制、惩罚、控制和命令儿童，而是通过激发儿童的"内在常规"，以给他们带来更大的自由。蒙台梭利认为常规教育的前提是：一个人能够成为自己的主人，能够根据情境的变化、按照自己的准则调节自身行为。可以说，这种常规的维持靠的不是由外而内的灌输和压抑，而是基于"内在常规"之上、由内而外的自然生发。上面案例中的老师片面地认为常规教育就是要严格控制儿童，让他们循规蹈矩、听老师的话。在这种常规教育模式下，连最能体现幼儿自主性和创造性的体育活动，都被教师所谓的常规牢牢掌控：从体育器材的选择，到何时开始活动，再到绳子玩法的选择，孩子们都要小心翼翼地问老师，经过老师允许才能动手。一边是幼儿的自由、天性，一边是刻板的常规、纪律。可以说，幼儿的自主性已经被教师变味的"常规"教育压抑得几近窒息。

四、中外幼儿美育培养的比较

（一）中国幼儿美育

1. 中国幼儿美育的理念

美育是审美教育或美感教育。幼儿美育是培养幼儿具有感受美、欣赏美、创造美的能力的教育。原国家教委何东昌主任明确提出："没有美育的教育是不完全的教育。"可见，美育在全面发展的教育中是一个不可缺少的组成部分。《幼儿教育纲要》指出，美育的任务是：教给幼儿音乐、舞蹈、美术、文学等的粗浅知识和技能，培养幼儿对它们的兴趣，初步发展幼儿对周围的生活、大自然、文学艺术中美的感受力、表现力、创造力等。

首先，教师需要在提高认识的基础上，努力培养幼儿感受美、欣赏美、创造美的能力。爱美是人之常情，自从有人类社会以来，人们就爱好美，追求美。苏联文学家高尔基说："人按其本性就是艺术家，他随时随地都竭力想使自己的生活美丽。"所以，向幼儿进行美育是很重要的。其次，美好的事物都是客观存在的，有自然美、社会美、日常生活美、艺术美等。我们应从培养感受力入手，不断提高幼儿感受美、欣赏美、创造美的能力。例如，带孩子去公园参观，美丽鲜艳的花朵，造型别致的建筑物，五颜六色的服装都能给人以美感，给孩子听一首名曲会使他感到欢快，觉得生活充满生气，都能培养对美的感受力。再次，进行美育一般不用说教的方法，而是以生动具体的美的形象来陶冶人的思想，通过潜移默化达到教育人的目的。由于幼儿还不善于辨别真善美和假恶丑，所以还要培养健康的审美观。例如，公园的美景、环境的整洁、衣着的得体、人们之间的礼貌关系和文明行为都是培养审美观的主要内容，关键在于教师要善于挖掘、启发、引导孩子去感受和欣赏各种美好的事物，在此基础上进一步培养表现与创造美的能力。如让孩子一边听歌，一边表演动作来表达对歌曲的理解和感受；听完故事把印象深刻的内容画出来，掌握词汇以后用口头语言有感情地朗读出来等，这属于艺术创作的表达。最后，还有对生活与环境的美化，如整理自己的东西，布置环境，在游戏、生活和交往中表现出团结互助、文明礼貌的思想等，都能体现表达与创造美的能力。为了发展创造力，要在丰富生活内容的基础上教给幼儿一些粗浅的知识和技能。在音乐方面，要会唱、会跳、会欣赏音乐、会用小乐器演奏等，在美术方面，要会画、会做泥工、手工、自制玩具等，在艺术语言的方面，要会听、会讲、会表演、有口头语言的表达力等。有了感受美的能力才有基础去鉴赏美，从而发展表达美的能力，通过表达美又可促进美感的丰富和审美力的提高。

2. 中国幼儿美育的内容

在"美能辅德"的美育观影响下，幼儿美育成为幼儿德育的附属，往往没有自己的目标系统、内容构成及设计方法，更没有专属的幼儿美育课程内容。

儿童艺术综合教育内容是艺术美育观下典型的幼儿美育内容，它是一种在音乐、美术、文学艺术各自保持独立的基础上，提取三个领域中共同性的审美要素，以综合的方式加以统整、沟通，使其发挥更充分作用的课程形态。其目的在于通过艺术实践发掘儿童的感性潜能，使儿童体验生命美的奥秘，激发儿童自由表现和创作的愿望，达到个体的自我实现和全面发展。与传统的注入式学科不同，它是以开发和培养主体内在的、内发的价值为目标，以人为中心的课程①。

大美育流派的代表性内容是幼儿园综合美育内容，它是以美育为突破口，以美的事物为结构点，连接和统整原幼儿园诸科教学的基本知识技能，形成的一个既有形象性、情感性、开放性，又不失内在逻辑性、科学性的整体教育教学体系②。其目的在于改善过去一提到美育往往只想到音乐课、美术课以及园外的审美艺术活动的片面教育观，改善现有内容因学科分化而产生隔离以及与现实生活相脱离的现象，使幼儿通过各种美的事物逐步建立起审美欣赏、审美表现、审美创造的能力，同时促进幼儿德、智、体、美、劳等素质的全面和谐发展。

以上对于幼儿园美育内容的理解，虽然从不同角度论述了对幼儿审美能力的培养，但是对幼儿生活经验以及美育在各个学科中渗透的关注不足。因此，幼儿园美育课程应是以幼儿已有的生活、学习经验为基础，以幼儿当前的学习活动为线索，以幼儿生活中、学习中的各类美的事物为对象，按照幼儿的身心发展特点，把各个领域中分化了的各种美的因素相互渗透、联系起来，从而培养幼儿初步感受美、表现美、创造美的情趣和能力以及

---

① 楼必生，屠美如. 学前儿童艺术综合教育研究［M］. 北京师范大学出版社，1997.
② 刘云艳. 幼儿园大美育系统论［M］. 西南师范大学出版社，2000.

全面和谐发展的课程。

3. 中国幼儿美育的途径

进行幼儿美育要始终贯彻在幼儿的全部生活之中，并要运用多种美育途径。

(1) 创造美的生活环境。包括户外环境和家庭环境。美的东西基本上是整齐清洁、协调有节奏的各部分在统一的整体中匀称和谐地结合着的。因此，环境的布置要尽量做到具有美的形状、线条和色彩，达到绿化、艺术化和儿童化的要求。

(2) 通过大自然进行美育。大自然有鲜艳的色彩，娇美的姿态，动人的音响，神奇的变化。教师要通过散步、参观、观察等活动让孩子尽情感受大自然中的天然美，逐步提高审美能力，培养爱家乡爱祖国的情感。

(3) 通过社会生活进行美育。社会生活充满了美好的事物，要利用幼儿能理解的事物和现象进行教育，如宽阔的马路、雄壮的立交桥、琳琅满目的商品橱窗、当地的名胜古迹等，这些都能扩大和加深幼儿对美的认识和体验，使他们热爱生活，追求生活美。

(4) 培养幼儿行为仪表美。人们行为仪表是美的表现形式，如事物的外部特征是不能离开事物的内容而存在的，所以要做到形式美与内容美的统一，我们既要培养幼儿仪表整洁、美观朴素、体姿健美，还要培养幼儿谦虚和气、文明礼貌、举止大方等良好的品德。

(5) 充分运用艺术教育。幼儿园的艺术教育主要是音乐，美术、艺术语言的教育。音乐是用声音塑造形象的听觉艺术，包括律动、唱歌、欣赏音乐、歌舞表演、音乐游戏、器乐演奏等，美术是以线条和色彩塑造形象的视感艺术，包括绘画、纸工、手工、泥工等。艺术语言是以生动鲜明的语言和韵律优美的词句塑造人物形象，反映思想感情和社会生活的一种手段，如听故事、朗诵诗歌、组织故事表演等。

（6）利用节日娱乐活动，包括节日环境布置，节日幼儿盛装，举办游艺和文艺活动等。

（二）国外幼儿美育

1. 国外幼儿美育的理念

国外认为美育即为美术教育。美术教育是帮助幼儿自我表达的途径。当幼儿还不能用语言和文字表达自我需要时，他们会运用一些符号满足自身的需要，所以，美术是与幼儿天然地联系在一起的。在美术活动中，幼儿可以以自己的方式理解世界，并自由地表达自己的所思所想所感。在幼儿园教育中，美术是有效地综合学前课程的重要媒介。

美国著名的美术教育家罗恩菲尔德综合了格式塔心理学理论和德国儿童运动研究成果，在自己的美术实践基础上形成了儿童美术教育理论。他认为美术是一种教育工具，能够耕耘人的感性、促进合作、减少自私，最重要的是能发展儿童创造性地工作的全部能力。美术的本质是游戏。儿童正是在这种创造性的活动中，获得了内在需要的满足，而这种满足有助于他成为协调和幸福的人。所以，他反对让儿童抄袭和模仿，强调儿童在美术活动中的个性自由，认为美术教育是手段，目的是发展儿童的一般创造力，因此，要重视过程而不是结果。其美术教育的主张反映了与卢梭自然主义及杜威进步主义同样的价值观。

有的理论流派将儿童的美术看成是确定儿童智力发展水平的一项指标。这种理论最早由古德伊娜芙提出，加德纳在阐述多元智能理论时，将发展心理学与各门艺术中儿童的成长过程结合起来，使人们看到了艺术在儿童认知发展中的作用。

而艾修勒和哈特维克则认为儿童的人格和绘画特征有关，他们从心理分析和投射技术出发研究儿童美术，提供了另外一种视野，使人们可以将儿童画作为对儿童人格和行为进行研究的重要依据；同时，将美术作为儿童情绪情感表现的一种途径。20世纪60年代，以艾斯纳为代表的儿童美术本质论出现，认为审美是美术的主要目的，美术教育最主要的价值在于增加儿童对世界的了解和特殊经验及视觉形象的审美思考。

以上各种理论对于幼儿艺术教育中的美术教育课程的编制能够起到一定的指导作用。但任何一种理论都不能作为编制课程的唯一的依据，必须注意社会文化和现代科技对美术教育的影响。例如，与美术联系在一起的计算机软件编制应用到学前课程中已被一些研究者认为是有效的[①]。

2. 国外幼儿美育的内容

在分别对20多个北美的幼儿园和学校，以及十多个欧洲各地幼儿园的美术教育进行了解、分析之后，我们形成了以下观点：

（1）从整合的观念来看，这些地区的大多数幼儿园并非把美术课简单地当作一门纯技能的课来教，而是注重通过观察、触摸、实践来发展儿童的感知能力，在多数孩子的作品里，能看到他们对环境表现出的敏感。

（2）从风行世界的美劳观念来看，许多孩子在幼儿园里就能得到造型元素的教育，得到尝试各种材料的机会。

（3）从渗透式教育的观点来看，他们大多充分利用周围的艺术教育资源。比如在法国，丰富的博物馆文化为孩子们提供了非常好的了解世界著名艺术作品的条件。有许多博物馆还专为儿童开设了画室，其中有画架、画凳和其他教学设备，都是免费的。由此我们可以看到国外对儿童艺术教育的重视，其实质是对人才培养和精神文明的重视。许多学校、幼儿园定期请艺术家加入到课堂教学里，让孩子直接从艺术家那里感受创造性思维的多样性。如此艺术教育适当地利用了社会资源，并且能较好地把艺术教

① 康建琴. 学前课程理论与实践 [M]. 中国广播电视出版社，2007：247.

育的内容从音乐、美术扩展到舞蹈、戏剧和所有其他的视觉艺术。

（4）受国外现代艺术批评思潮的影响，幼儿可以自由地谈论自己或别人的作品。无论是博物馆还是画展，都不时有老师带着孩子们在作品前面讨论艺术。欧洲各大艺术博物馆经常有幼儿园的孩子，老师总是认真地倾听着孩子们对美术作品的意见和评论。孩子们对世界名画的指点、评论，或许在成人看来似乎太幼稚、简单了，但这种教学方式从现代艺术教育理念上讲，其意义非同小可。

（5）环境是美术教育中的重要"媒介"。杜威的民主主义教育思想对欧美幼儿美术教育产生了巨大的影响，在国外的幼儿园，整个环境是孩子们自己的，可以感受到他们教室的布置和中国的幼儿园有很大的不同。那里到处挂着或贴着孩子创作的各种各样的画和手工作品，乍一看上去乱糟糟的，但仔细看来却非常有意思：这边挂着一个小折纸，那边摆着一个橡皮泥捏的小动物，还有美丽的树叶串起来的圈。

（6）美术教育中很注重孩子的情绪情感体验，幼儿都很积极。在教室里，穿着自己画的古怪服装的孩子不停地跑来跑去，三两个孩子躺在地上热烈地讨论着什么，看上去孩子们非常快乐。充满艺术气息而又浪漫的教室具备使人感动的空间表情，能在刹那间抓住成人和孩子的艺术感觉，从而把精神信息很自然地传递给旁观者。

（7）法国的"创意感性"教育。法国被称为是热爱艺术的国家，他们的幼儿教育都是围绕着感性教育，教育的重点放在对孩子进行音乐美术指导上，法国所有的幼儿园把美术教育看成是教育的根本，幼儿园课程的80％以上和美术教育有关。法国的幼儿园很重视培养孩子把感觉到的和看到过的表现出来的能力，他们非常重视参观和旅行之后的一系列活动。这样的原则在文学教育方面也是一样的，他们让孩子把所读到的画出来。在地理、音乐等其他的科目中，也尽可能地使孩子们通过联想找到感觉，创造出自己独有的个性，培养了孩子们对艺术的热爱。这就是他们进行的感性教育。

（8）从国家艺术教育的导向来看，1993 年诞生的美国《艺术教育国家标准》提出："我们的儿童教育成功与否，有赖于能否形成一个文明的、富于想象的、有竞争力和富于创造性的社会。这个目标又有赖于是否能够向儿童提供有力的工具，使他们能够理解这个世界，并能用他们自己的创造性方式为这个世界做出贡献。如果没有艺术来帮助学生，促进他们的感知和想象，我们的儿童就极有可能带着文化上的残疾步入成人社会。我们绝不能允许这样的事情发生。"美国《艺术教育国家标准》的出台为美国艺术教育提供了决定性的基础，它强调了文化多样性的融合和恰当技术的重要性，以及要求超过一般的"接触"。

（9）德国幼儿美术教育中关注激发孩子的美感体验和自我创造的欲望。德国的著名美术院校都开设了幼儿美术、教育、心理的专业，幼儿美术教师有计划地去美术学院进行美学、艺术史的在职培训与理论更新。美术馆向孩子免费开放，研究人员有为孩子讲解的义务。在德国，幼儿按艺术美的要求精心布置教室内外，窗上和墙上贴有孩子的彩色画、习字和照片，走廊上到处是孩子栽培的花卉，上空挂着孩子制作的工艺装饰物，五彩缤纷，为孩子提供了一个艺术美的快乐学习环境。艺术教育真正重要的是要唤起创造的热忱，使孩子在创造美的过程中获得美感体验。在德国一所幼儿园有这样一节图画课，教师先坐下来读一篇童话，孩子边听边画，不规定主题。童话里的人物、鸟儿、花草、各种景物都可以自由表现，这些故事内容生动有趣，引起了孩子极大的兴趣和强烈的表现欲。童话故事的结局也可以和老师讲的不一样，由幼儿自己设计，自圆其说。这样不仅可以丰富幼儿作画时的想象力，还能促进孩子独立思考能力的发展。德国幼儿艺术教育鼓励孩子在自己的艺术创造中感受快乐，发展多方面的创造能力。

教师指导幼儿有意识地注意观察，在熟悉制作工具、材料和技能的基础上，发挥他们的表现能力和创意能力①。

3. 国外幼儿教育美育的途径

（1）启发独立思考。国外的美术教育注重幼儿的参与。教师需要研究提出什么样的问题能够启发幼儿最大限度地独立思考，如在美国的幼儿园中，教师留给幼儿很大探索思考的空间。在美术创作教学中，教师仅需为幼儿提供一些可参考的素材，让幼儿发挥各自的聪明才智，收集资料，寻找创作灵感，充分发挥幼儿的创造性。在课程设置方面，更是倾向于用独立思考的课题训练逐渐取代传统绘画的教学内容，将美术教育的重心从以往的技法转向观念和思维的培养。英国的 BTEC 教育模式以幼儿为中心，是其有别于传统教学模式的核心部分，它要求教师设计多种教学活动，实现幼儿积极主动地参与教学，让幼儿带着问题找答案，学会自己学习。它强调通过综合性美术活动的体验学习，引导幼儿主动探求，并运用综合性知识技能去制作、表现和展示，唤起幼儿对未知领域的探求欲望、体验愉悦和成就感。德国文化教育家斯普朗格认为，教育绝非单纯的文化传递，教育之所以为教育，不是传授已有的东西，而在于它是一个人格心灵的唤醒，将人的创造力量诱导出来，这是教育的核心所在。在中国，这种启迪式教育方式还不普遍。教师强调知识和技能的灌输，侧重技术性知识的讲授，忽视幼儿的主观能动性，也忽视了对幼儿在审美范畴中所涉及的哲学思想和精神追求的引导与启发。

（2）引导讨论交流。在欧美国家的课堂上有一个共识：教育不是灌输，而是交流。课堂讨论是很多国外幼儿习以为常的授课形式。教育学家认为，恰当的讨论与交流能让幼儿克服讲话时的紧张和恐惧心理，并能训练幼儿

① 万中主编. 幼儿美术教育［M］. 南海出版公司，2009：139－141.

清晰的思维表达能力和自信心。幼儿积极参与课堂讨论，充分表达自己的观点，往往能够加强师生之间的互动，活跃课堂气氛，还能使幼儿的注意力更集中。

（3）鼓励自我展示。不论作为一名画家还是一名设计师，对艺术作品最后的展示是必不可少的环节。欧美的幼儿园往往要求幼儿在完成作业后必须做一个展示，包含从最开始的收集素材、采风到不断对草稿修改的过程，再到最后呈现的作品展示效果。幼儿往往会精心展示自己付出的心血和努力，并将经验和感想一并呈现。这个环节不但是一个学习交流分享的过程，同时又是一个极好的对幼儿自信和口头表达能力的训练机会。而指导和训练幼儿在课堂上独立表达自己的思想，培养幼儿出类拔萃的口才，也成为教师最基本的教育职责。这种长期的语言表达能力的训练不但能快速提高学习的效率，也大大增强了幼儿的口才和自信心，因此国外幼儿总能快速流畅地、有条理地阐述一件事情或者表达一个看法，而且一点儿也不怯场。借鉴国外幼儿园的这种教育方法，多进行展示报告的训练，对幼儿来说将会终身受用。

（三）中外幼儿美术教育的差异

1. 中外幼儿美术教育理念上的差异

从幼儿美术教育理念上来看，近年来中国的幼儿美术教育目标随着幼教改革的深入，由侧重艺术表现的知识和技能传授，转变为开始重视审美能力的培养，但仍然存在过多地注重技能培养的倾向。在查阅资料中发现，国外美术教育目标是注重培养幼儿对美术的兴趣，发展其对周围生活、大自然、艺术美的感受力、表现力和创造力。国外美术教育界认为幼儿生来具有艺术创造的潜力，主张顺应幼儿自然本性的发展，尽量为幼儿提供充分表现自我的机会。

2. 中外幼儿美术教育内容上的差异

中国的幼儿美术教育历来小班就开始学习用点、线、简单技能和涂色的兴趣来构图，到中、大班更多的是临摹、写生和画面安排、配色及引导幼儿创造性地使用绘画工具、材料进行绘画，有一个循序渐进的过程。其中教师对构图、造型、色彩、方法、步骤等都有严格规定。但这种做法限制了幼儿创造性思维的发展，使孩子不能用不同于成人世界的自己的童话般的世界表现自己的感受，更不能表现出童年生命的脉搏，经常只能是被动、机械地再现。国际班幼儿美术教育主张幼儿在松弛的状态中，在玩中发展。他们对美术教学内容没有固定的安排，大多是与主题内容相吻合。经常使用半成品材料涂色、玩色和剪贴。在孩子的成长过程中，教师不强调孩子对操作对象的构图、色彩或画面布局的平衡应达到何种程度。他们认为艺术过程的体验比结果更为重要。

3. 中外幼儿美术教育方法上的差异

中国教师在进行传统的美术教育时，不少教师习惯采用范画或范作（纸工、泥工）给幼儿提供模仿对象，从而束缚了幼儿的大脑，禁锢了幼儿的思维和情感，使幼儿难以自己去体验，自己去领悟，自己去探索。例如，教师在评价时，通常也是"画得像不像"，"这儿应该这样画"。如此这般的美术活动既概念化和成人化，又缺乏童稚的审美直觉，其效果可想而知。现在，教师们也试图用"引导—发现"式来取代"示范—模仿"式，用生动的故事或游戏引起孩子创作的愿望，尊重幼儿的独立性、积极性，接纳孩子的艺术创造方式，接纳孩子的一切作品。现在美术活动的教育过程可总结为"兴趣—游戏—引导—激励"，这样就能鼓励孩子大胆创新，增加幼儿参与活动的兴趣和信心。国外教师在进行美术教育时，教师事先只是提供各种活动（绘画、拼贴、揉捏等）所需的材料和半成品，让幼儿自己去操作、探索，发展其自我表现能力和创作能力。教师只是提供各种颜色的纸条，玻璃珠或玩具轮胎，让幼儿自由想象，在活泼、愉快的气氛中，轻松自如地完成作品。教师的注意力往往集中在幼儿活动过程上，重视幼儿从事活动的情感因素，评价幼儿在活动中所感受到的俏悦的情绪体验。不管作品的质量如何，"这幅粘贴画真美"始终是孩子得到的评价。尽管是一种情绪的宣泄，教师们会认为：孩子首先是自我学习的过程，幼儿的艺术素质"花蕾"，在适当的环境中，自然会发芽，生长，开花，结果。

4. 中外幼儿美术教育组织途径的差异

中国的幼儿美术教育大都还局限于幼儿园内部专门性的美术教学活动，忽视渗透性的美术教育活动以及家庭、社区资源的开发和利用。近来，教师们也逐步认识到生活中处处充满了美的因素，而积极发现和利用多种途径和手段，让孩子走入社会去体验、去观察，同时也开始调动家长和社会人士，把美术教师、专家请进来，以扩大美术教育的内容和形式。国外教师把美术教育活动看作是创造性活动的一种形式，表现自我的一种途径。不仅在活动课上开展美术教育活动，在主题里安排一些绘画内容，甚至会在教室里设立一个画架，让幼儿在想画时随时都能去涂抹几笔；还非常善于请家长来参与学校的活动，如做义工，和孩子一起揉泥、拼贴、制作，绝不限制孩子的想法，引导孩子发现周围生活中的美，让幼儿展开想象的翅膀，从而培养了幼儿的审美直觉、审美感知和审美情趣。

5. 中外幼儿美术教育结果的差异

由于教育目标、内容、方法、组织途径等的不同，最终导致了幼儿作品上的差异。中国小班幼儿的作品虽是刚开始涂鸦，但已经有技能的要求。而国际班小年龄幼儿从涂鸦起就开始创造一套满足自我表现需要的符号系统，按照自身的表现和愿望，去表现自我，如有的作品虽是一些不可思议的线条，但表现生动大胆且夸张，具有丰富的想象。从作品中我们可以看出，孩子对外界事物的概念常以自我为中心，大胆地、独立地按照自己对周围世界的认识，创造出直觉的象征性图式。这个时期，幼儿的心理符号是由直觉控制的，随着年龄的增长和智力的发展，他们的观察力和分析、表现力会不断提高，并且在活动中逐步积累起对物体的初步印象。但绘画技能还需逐步成熟和完善。这和幼儿的身体发育、智力发展是相一致的。中国大班幼儿的作品基本上先是用线条勾画出平面的二维的物体轮廓，因为这种轮廓线较易把握物体的外形特征。随着视敏度、精确度的提高，他们对外界事物的观察也越来越细和客观。同时，通过电视、电影和大量的图书、画片，逐渐了解社会已形成的艺术手法，于是在儿童的画面上概念的属性增加了，是种抽象化能力的萌芽。随着儿童思维性质的变化，儿童的作品内容也逐步趋向写实、丰富，由于视野的扩大，但为了力求接近真实，由平面造型开始过渡到用三维立体表现方法，注意到了构图的平衡，色彩的协调。因为强调了技能方面的练习，所以，幼儿可以在画面上淋漓尽致地表现自己的意图。技能的发展，逐步脱离自然的再现描绘，而向有意义创作阶段过渡。国外幼儿作品给人的感觉是不分里外的"透明画"，由于缺乏强调技能的练习，整个画面还停留在二维的物体轮廓，但从画面上可以看出具有一定的想象和审美意识。但是由于同样的原因，幼儿不能用技巧将自己的创造力淋漓尽致地表现出来，从某种意义上说，基本的绘画技能的缺乏限制了儿童在画面上的艺术表达。

（四）中外幼儿美育的案例分析

1. 法国幼儿美育培养案例

在法国巴黎的卢浮宫里，幼儿园老师带着一群孩子在进行参观。全程老师并没有过多的讲解，看上去似乎没有目的，纯粹是观光而已。孩子们在一旁将古埃及祭师的长袍和超人的披风联系起来谈论，老师也不去加以点评。偶尔孩子们聆听到解说员的讲解，提出诸如埃及是什么？为什么他们要穿这种衣服等问题，老师也只是用浅显的语言进行解答，更多的是让他们自由地讨论和评价，也不要求孩子记住什么国家、年代和意义等。

"艺术批评应该是对艺术作品的一种和谐的、令人愉快的、思想上无拘束的、无偏见的探索，其目的在于加深对艺术作品的理解和自我实现"，所以，国外现代艺术教育将艺术批评列为四项主要内容之一。实践证明，艺术批评教学是极有活力、极为开放的活动过程，教师既是艺术作品和学生之间的桥梁，也是组织者和引导者。学生在教师的引导之下，对艺术作品自由进行审视评论，充分发挥想象力，挖掘自身创造潜能，展现自己的真实情感，从而培养其自主意识、独立人格和创造才能。国外国家的政府和教育界认定，艺术批评是提高艺术教育质量的重要方式。

2. 不用笔的画

活动时，老师对孩子提出"特别"的要求：不用笔，必须用身体或身体的不同部位去"画"出圆圈。兴奋的孩子们三五个凑在一起讨论、比画：有的转动头部来"画"；有的挥动手臂在空中"画"圆；有的用一只腿为支撑，用另一只脚在地上"勾勒"出圆圈；两三个孩子用手臂、身体拼接出图形；还有的干脆躺在地上，把身体团成圆圈的模样……孩子们的想法和表达方式虽不相同，但每个人都乐于说出自己的方法，和其他孩子一起尝试，对身体的造型更是兴趣盎然。

在教学指导的要点上，国外教师着重于以下几个方面：

第一，从游戏方面来看，主要以幼儿自由描绘为主，提供必要的与幼儿心身发育相适应的题材。第二，根据故事来表现的题材则不拘泥于真实，让孩子在自由愉快的表现中选择造型单纯、组合容易的内容。第三，从生活体验中引发的表现，在开始构思阶段就要使形象思维明确化，并把它与自己准备的有关材料和工具、表现手法联系起来。第四，经由观察萌发的表现重点是突出有关对象——物的具体感觉。采用何种观察方法、什么时候来画、画什么、怎么画，这些都是指导教学的关键所在。第五，通过音乐、身体的表现、造型等途径，养成幼儿丰富的感性及富于表达的萌芽观念。

3. 关于水果与蔬菜的讨论

德国的一所幼儿园里，孩子们正在进行关于"苹果和土豆"的主题活动。在老师的引导下，感兴趣的孩子聚在一起讨论着苹果是什么、来自哪里、有哪些颜色等问题，并进而开展了蔬菜和水果如何取出汁水、都有哪些不同种类的苹果、如何种植苹果、用苹果制作食物等一系列的研究活动。在这一过程中，孩子用绘画、泥塑、纸工等方式把观察到的苹果、果树的变化和自己的实验及制作过程记录下来，利用苹果的不同切面印画出不同物品，教师将孩子们的这些"作品"进行分析并收集起来成为丰富的活动档案。虽然这并非专门的美术活动，我们却不难发现，在孩子活动过程中的表达、表现与美术活动息息相关，而且教师也非常关注孩子是否"有创造力"地进行着表达。教师为孩子提供了不同的土豆，孩子们经过观察和对一些关于土豆问题的讨论之后进行了一些尝试（带有美术活动色彩）：通过比较和试验，孩子选择了较硬、较大的土豆，因为这样更容易抓住，用刀将土豆的一面或一端切成平面，然后蘸上水彩、淡彩或是彩色墨汁，把它摁在一张白纸上。年龄小的孩子只是随意地轻轻敷在纸上，稍大一些的孩子则会用不同颜色、形状的土豆创做出有韵律的图案，或是尝试改变土豆切平一端的形状，获得更丰富的印制图案……

从幼儿园至四年级阶段，美国的美术（视觉艺术）教育比较注重孩子对各种材料的尝试，注重孩子在艺术作品的创作和共享过程中表露出的快乐。创造是教学核心，让孩子在视觉天地的探究中协调双手和头脑，学会抉择，激发好奇心。从幼儿园升至小学低年级后，更注重孩子观察能力的培养，引导学生理解视觉天地在他们生活中的意义和影响。

五、中外幼儿健康教育培养的比较

联合国教科文组织在 2000 年达喀尔世界教育论坛上发表的一篇《学校健康与营养》专题研究报告指出，前十年的有关研究发现，健康教育要在数量与品质上有所提高，教育部门本身要起到带头作用，并归纳出指导健康教育发展的十项重要研究结论：

（1）基于学校的营养和健康教育能够改善（学生的）学业表现。

（2）学生的健康和营养状况影响（学校的）招生率、保持率和缺席率。

（3）教育有助于健康。

（4）教育能够提高社会公平和性别平等。

（5）促进教师的健康，有助于他们的健康、士气和教学质量。

（6）健康促进和疾病预防项目是高效益低成本的。

（7）在学校对年轻人实施教育可以减少社区的疾病。

（8）多元协作战略比单一战略效果更好，但制定针对任何一个对象的多元战略必须谨慎。

（9）采用技能取向的互动式方法进行健康教育是最有效的。

（10）经过培训的教师提供健康教育对学生健康知识和技能会产生更显著的成效。

以上的研究涉及健康和教育的关系、健康对学生、教师、社会的作用，以及健康教育政策制定、开展等各方面，显示国际社会对健康教育重要性具有充分的认同。国外目前通常提倡的是大健康的概念，即将健康教育、保健服务、健康的学校环境、体育、心理健康教育、营养与饮食等都纳入健康教育的视野之中。

（一）中国幼儿健康教育

1. 中国幼儿健康教育的理念

俗话说："三岁看大，七岁看老。"幼儿期是一个人一生很关键的阶段。目前，我国幼儿科学的健康教育观念正处于形成时期，即科学的现代家庭健康教育理念正在逐渐代替传统的健康教育观念占据主流地位。我国幼儿健康教育一直提倡两方面理念，首先是健康第一，健康教育是幼儿园实施全面发展教育的目标之首。"健康第一"的思想是要通过幼儿园全部教育活动实现的，健康教育的内容要有机地与其他领域的内容相融合。其次，更加关注幼儿心理的健康发展，健康的心理不仅是孩子智力发展和健康成长的需要，更是其日后生存和发展所必需的素质。

但目前幼儿园出现了一个怪现象：人们观念里摆着"健康第一"，行动上却是智力第一。许多幼儿园大抓智力开发而不顾及孩子的其他方面，资金、人力、物力、时间一齐上，完全没有本着科学的教养原则来进行，影响了幼儿的身心健康。绝大多数教师认可健康是第一位的，但许多教师认为自己不太注意孩子的健康状况，更多的是关注孩子智力的发展。这种观念和行动的矛盾说明，在幼儿园是重智力开发，不重健康。事实胜于雄辩，不论你说对健康多么重视，关键还是看行动。在个体的发展历程中，生命的健康存在是保证人的全面发展的物质基础。幼儿身体各个器官的生理功能尚未发育成熟，各个组织比较柔嫩，其物质基础相当薄弱；同时，幼儿期是人生长发育十分迅速、新陈代谢极为旺盛的时期。成人为幼儿提供适宜的健康教育，有利于提高他们的健康水平。保护幼儿身心健康是进行其他一切教育活动的前提，尤其是进行早期智力开发的前提。如果在幼年时期对健康不多加关注和培养，会影响孩子今后的生活质量。

2. 中国幼儿健康教育的内容

幼儿健康教育是健康教育的基础，它的作用在于帮助幼儿提高对健康的认识水平，改善对个人卫生和公共卫生的态度，使幼儿形成有益于一生的健康行为方式和习惯。这是我国社会能够认可的幼儿健康教育的作用。但由于幼儿健康教育是在传统的科学常识教学和体育教学的基础上形成的，而且实行时间不长，新旧健康教育还处于交替阶段，所以，在现实中我国幼儿健康教育的内容并不尽如人意。

现代素质教育理念认为，幼儿健康教育主要涵盖以下四个重要方面：

（1）身体素质健康教育。《幼儿园教育指导纲要》强调："幼儿教育工作者应当积极利用园内可用的器械资源，组织学生进行身体锻炼，以此全面协调。发展幼儿的身体综合机能，增强其体制，逐步提高幼儿适应自然的水平与能力。"这是落实幼儿身体素质健康教育的重要途径。

（2）心理素质健康教育。健康教育不仅仅指身体健康，同时还包括心理健康教育这一重要方面。这就要求幼儿教育工作者必须密切关注幼儿的心理健康，引导幼儿逐渐树立起乐观自信且坚强的个人品格，为其日后更好地适应社会、融入社会奠定良好的心理情感基础。

（3）生命安全教育。生命安全教育是构成健康教育体系的重要组成部分，随着现代社会的快速发展，逐渐被提到了一个足够的水平与高度。在此背景下，幼儿教育工作者有必要帮助幼儿获得和掌握日常生活中最基本的安全知识和技能，促使幼儿逐渐增强自我保护的意识与能力。

（4）生活卫生教育。生活卫生教育同样也是幼儿园实施健康素质教育理念的有机环节，其主要宗旨在于帮助幼儿获得日常生活中最基本的卫生常识，促使他们尽早学会以健康而科学的方式对待生活、对待生命。

3. 中国幼儿健康教育的途径

（1）将健康教育的理念充分融入幼儿的日常生活之中。中国近现代教育家陈鹤琴曾说："儿童离不开生活，生活离不开健康教育，儿童的生活是丰富多彩的，健康教育也应把握时机。"这就要求我们幼儿教育工作者将健康教育的相关理念充分融入幼儿日常的生活之中，如此方能真正达到"教育即生活，生活即教育"的最终教学目的。例如，教师会向幼儿讲解卫生的重要性，教导他们饭前便后要洗手、要养成每天刷牙、认真洗脸的正确梳洗习惯；学生在玩游戏时，教师要不失时机地告诉他们如何运动才能既科学又安全，让他们充分掌握保护自己的运动方法与技巧……这样一来，就促使健康教育理念与幼儿的日常生活实际形成了完美的融合，有利于幼儿更好地加深对于某些具体健康理念的深刻认识与理解。

（2）积极开发幼儿园健康教育资源。幼儿园是幼儿主要的学习场所，因此，从这个意义上来讲，幼师有必要积极开发幼儿园的健康教育资源，将幼儿园真正变为对幼儿实施健康素质教育理念的最重要根据地及活动场所。教师要积极利用幼儿园的各种器械开展丰富多彩的体育活动，并号召幼儿多多参与，促使他们在锻炼的过程中逐渐树立起爱运动的良好习惯，从而实现增强自身身体素质的目的。此外，还要创造性地利用班级内的墙壁、黑板及多媒体等公共资源，为幼儿进行生命健康教育等知识的讲解及阐述，促使他们在耳濡目染之中切实提高对生命健康教育的正确认识。

（3）与家庭教育形成合力，共同营造健康教育的良好氛围。家庭是儿童生命的摇篮，是人出生后接受教育的第一个场所，因此，从这层意义展开来讲，父母就是幼儿接受各项教育的启蒙教师。这就要求幼儿教师在贯彻、落实健康素质教育理念的同时，必须同家庭教育形成合力，让家长同幼儿一起充分参与到幼儿园所开展的各项健康教育活动当中，相信，这样才能共同为幼儿营造健康教育的良好氛围，促使他们在这一环境中更好地进行与吸收健康教育的相关理念。例如，在安全教育专项活动中，幼儿园与幼儿以及幼儿家长一起，针对"遇到坏人怎么办""发生意外事故，如何寻求周围人的帮助"等日常生活中经常遇到的问题进行了实际演练，在幼儿家长的极力配合下，安全教育工作自然有了事半功倍的良好效果。

幼儿是祖国未来发展的希望，将健康教育深入幼儿园基本教育环节之中有着重要的意义与作用。为此，幼儿教育工作者必须给予健康教育高度的肯定与重视，力求促进幼儿德、智、体、美的综合发展与进步，为其日后的茁壮成长与发展奠定良好的基础。

（二）国外幼儿健康教育

各国政府非常重视学生的健康问题，强调在法律法规、宏观政策和教育举措上推动学校健康教育的深入开展。

1. 国外幼儿健康教育的理念

（1）德国的健康教育理念：把孩子看成一粒种子，他们需要自然的生长环境。在德国，家长抱孩子的方式很独特：孩子会跨坐在父母的一只胳膊上，红扑扑的小脸朝外，后背贴着父母的胸口，小胳膊小腿向外伸着，样子好像浮在水面上的小青蛙。在瑟瑟的寒风中，"狠心"的家长不给小孩过多的遮盖，还不慌不忙地走出幼儿园。

他们认为："德国人把孩子看成一粒种子，他们需要自然的生长环境，不可过于控制，给孩子留下尽量多的自由发展空间。比如，抱孩子时孩子的脸朝外，眼睛和大人的视野基本一样，小手小腿可以自由地活动，全身能充分地与阳光和空气接触，有利于他们适应自然环境，茁壮成长。"

生命的诞生与成长，犹如照顾一粒种子，这历程就如同农夫把小种子撒在泥土中，每日悉心照顾，若水加得过多，就会像过多的指责形同挑剔，水将淹没种子；若阳光过度暴晒，就会像过多的关怀形同压力，反而令它枯萎。当种子开始发芽、长大、长高时，仍需每日悉心照顾，不能就此放任不管，因为，过多的放任形同放弃，若疏于照料，万一得了病虫害就会夭折；反过来说，若对植物照料得过于无微不至，让它失去了该有的抵抗力，就像过多的干涉形同无能，任何的打击都很有可能让幼株提早失去生命。好不容易等到植物开花，最后结成果子，农夫才算完成了阶段任务。

（2）英国的健康教育理念："把餐桌当成课堂。"英国的幼儿健康教育在世界上一直走在前列，英国的幼儿教育理念不是一句口号式空话，而是具体落实在幼儿的行动上。培养进餐能力是鼓励孩子自己进餐。孩子长到一周岁至一周岁半时，开始喜欢自己用汤匙喝汤吃菜。绝大多数英国家长认为，孩子想自己进食，标志着一种对"人格独立"的向往，完全应给予积极鼓励。对待偏食的态度是杜绝偏食、挑食。英国人普遍认为，一个人偏食、挑食的坏习惯多是幼儿时期家长迁就造成的，因而他们特别重视幼儿时期的偏食、挑食情况，如幼儿一个劲儿地只吃某种菜而对其他菜不屑一顾时，家长往往会把此菜收起来。他们还认为，餐桌上对孩子的迁就，不仅会影响孩子摄入全面、充分的营养，而且会使孩子养成任性、自私、难以自控等人见人厌的性格。

进餐时学习用餐礼仪。英国孩子一般 2 岁时就开始系统地学习用餐礼仪，4 岁时就学会用餐时所用礼仪了。进餐前后让孩子帮忙做事。稍大一些（比如 5 岁左右）的孩子都乐于做一些在餐前摆放餐具、餐后收拾餐具等力所能及的杂事。这样，既可以减轻家长负担，又让孩子有一种参与感。有环保意识重视环保教育。五六岁的孩子应该知道哪些是经再生制造的"环保餐具"，哪些塑料袋可能成为污染环境的"永久垃圾"。外出郊游时，他们会在家长的指导下自制饮料，尽量少买易拉罐等现成食品，并注意节约用水用电，因为他们懂得"滥用资源即意味着对环境的侵害"。英国家庭素有"把餐桌当成课堂"的传统，从孩子上餐桌起，家长就开始对其进行有形或无形的"进餐教育"了。

2. 国外幼儿健康教育的内容

以德国为例，德国是一个地方高度自治的国家，幼儿教育的改革也以地方或幼儿园为单位，没有全国统一的课程改革方案或课程大纲。德国新近的幼儿教育课程的特点可归纳如下。

（1）幼儿园教育的目标是加强孩子的自我意识，并进一步挖掘其个性特征。孩子应该被看成一个独立的人。幼儿园的任务是通过一种家庭补充式的设施，为孩子营造一种舒适与快乐的气氛。

（2）混合编组而不是按年龄分组。通过异质分组强调尊重不同年龄孩童的相似性和相异性。

（3）加强幼儿的积极性和生活的体验。强调在游戏和运动中发展幼儿的自我。课程设计的重心是创设幼儿生活体验的活动空间和环境。

（4）强调保育员是孩子的伙伴。应持有特别的耐心，鼓励幼儿的自主活动和学习。此外，还强调家长的参与。

（5）课程应该促进幼儿的全面和谐的发展，即促进幼儿社会性行为（通过创造性合作或合作游戏），锻炼其自我尝试的能力。据此，幼儿的课程被视为体验领域，包括游戏、语言教育、动作教育、韵律与音乐教育、图像与劳作性教育、事实与环境教育、实际生活与家政教育等几个方面：

游戏——幼儿通向真实世界的桥梁，是幼儿生活与学习的活动形式，游戏给予幼儿自由的机会，使幼儿的个性得到广泛的发展。

语言教育——通过阅读图书、听故事、猜谜语、游戏等，促进幼儿的语言和表达能力。

动作教育——发展幼儿的动作能力，包括触摸、手工操作、闻气味、跳跃、跑步等，提高幼儿的行动欲望和自我创造力，学会认识和领会世界各个部分之间的相互关系。

韵律与音乐教育——通过音乐节奏、运动、舞蹈的体验，使幼儿获得对美的感受力、想象力和心灵的陶冶。

图像和劳作性教育——给孩子各种各样的材料，引导他们熟悉不同的工具与技术，引发孩子对创造性活动的兴趣，给他们机会，设计和实施自己的想法，并现实化，从而进一步训练他们的注意力和耐心。

事实与环境教育——唤起幼儿环境保护的初步意识；通过观察，访问不同的机构，促进幼儿对周围环境的兴趣，直观地体验自然过程。通过各种方式让幼儿接触事实与自然，是促进儿童成为环境保护主人的前提条件。例如，让幼儿认识能量与水的意义，避免多余垃圾的意义，或直接参与分拣垃圾等。

实际生活与家政教育——设计有意义的情境，给孩子以机会，形成集体生活中必须具备的技能：如穿衣，熟悉使用各种玩具，认识每年重复的事件，掌握家务劳动（整理房间、洗衣服、做饭等），熟悉交通规则，学习操作一些仪器（收录机、煎锅、烤箱），对紧急情况做出反应。给孩子以机会，进行模拟练习。

3. 国外幼儿健康教育的途径

（1）开展健康教育课程与教学。针对各国实际和对健康的认识，目前国外在幼儿健康教育方面或独立设置健康教育课程，或将其与体育学科整合。

美国制定了全国性的健康教育标准，大部分州从幼儿园开始到11年级都设有健康教育的课程，并且有一整套完整的课程设置、教学大纲、教材体系及管理服务体系与之配套。在中小学开设相应的学科，保证一定的教学时间。可以根据学校实际情况，创造性地实施健康教学。美国各州学校健康教育课的课时差异较大：将健康与体育合设的课时较少，一般为每年25小时；将健康教育专门作为一门课程开设的课时较长，平均每年为61小时。有的国家则将健康教育与体育结合成为一门课程，两者构成有机整体。

日本把健康教育融合在体育学科中作为必修课开设，称为保健体育。

国外的幼儿健康课程内容非常丰富，几乎涉及幼儿生长发展所必须了解的全部问题。根据学生的年龄特点以及生理和心理的需要，教学内容的安排分 3 个阶段，循序渐进，幼儿园至 4 年级为第 1 阶段。内容涉及面较广，有生理、心理与情感、家庭与社会等诸方面。

（2）疾病预防与卫生教育。幼儿的疾病预防与卫生状况和教育密不可分。在国外，随着社会经济发展和卫生条件的改善，过去一些常见的影响幼儿身体健康的疾病已经基本或完全得到控制，很大程度上要归功于有效教育。

国外不少国家对卫生教育的关注点历经了从早期个人卫生，到卫生设施改善，再到关注卫生教育的转变。国外发达国家早在 19 世纪已经在幼儿个人卫生和卫生教育上引起了注意。北欧国家的继续教育运动和北美早期的课程中都有卫生教育的雏形。但是，随着学校教育学术化倾向发展和基础教育入学人数的急剧扩大，到了 20 世纪 80 年代，有关生活技能方面的卫生与健康教育在课程大纲中鲜见踪影，人们更加关注的是学校卫生设施方面的建设，却忽视了对幼儿健康至关重要的教师培养、学校的组织需求和幼儿卫生教育需求，而这些对正确和有效使用水和其他卫生设施都非常重要。2004 年，荷兰的戴尔福特（Delft）学校卫生教育的国际研讨会——"只有建设并不够"，折射出对此问题的关注。一些重要的国际教育组织认为，在幼儿园开展有关卫生的教育，不仅能教给幼儿这方面有用的知识和技能，从而使他们更健康，更重要的是，这些信息和方法被孩子们带到学校围墙之外，会对其家庭和所在的社区的健康和卫生习惯产生深远的影响。

（3）健康教师与专业人员的培养。幼儿园健康教师的专业要求相对其他学科教师而言有所不同，因为他既是一名教师，同时也担负着幼儿保健卫生工作和幼儿园健康管理的职责。在发达国家，健康教师的素质要求比较高，往往接受正规的职前教育和培训，并通过相关的资格考试。健康教育教师的课程包括健康教育方法、健康教育规划和评估、流行病学、教学设计和教学实践等共 64 学分的学习。取得学士学位后，参加国家组织的幼儿园健康教育证书考试，考试项目分别是文学与科学测试、教学技能评估、健康教育的学科专业知识测试，才能取得健康教育的入职证书。通过这项测试的学生可以继续进修为期 5 年的科学硕士学位，取得健康教育职业证书。职业证书分为两类：体育和健康教育。体育职业证书要修学的学科包括运动医学、健康、安全教育、运动科学、娱乐、运动管理、舞蹈，健康教育职业证书要修学的学科包括护理、生理与解剖、脊椎指压治疗法、牙科、医学、健康系统管理、多学科研究、教育计算。

（三）中外幼儿健康教育的差异

1. 幼儿家庭健康教育的差异

中国与国外国家在儿童健康教育方式上存在着许多极为明显的差异。中国人认为，小孩子娇嫩，抗寒能力低，而病是冻出来的，所以小孩总比成人穿得多，但是孩子尽管已厚成了"棉球"，却还是没完没了地生病；而国外人认为，小孩只有少穿衣才能增强皮肤温度的调节能力，从而达到提高抗寒能力、防止生病的目的，所以小孩总比成人穿得少。中国幼儿家庭健康教育还有一大特点就是"轻锻炼"。在多数成人看来，给孩子良好的照顾就是让孩子多吃多穿，至于身体锻炼则可有可无，结果儿童医院里总是人满为患，父母们无不抱怨自己的孩子体弱多病；而国外人对儿童的身体锻炼却极为注重，曾提出一个口号：培养不生病的孩子。很显然，中西方成人在儿童养育方面的观念存在很大的差别，这主要是由于两地区人对儿童适应环境的生存能力有着极为不同的认识。中国人认为儿童因不具备成人的肌体和能力而需加倍地保护，以免夭折；国外人却认为要使儿童健全地成长则需加强锻炼，以便习惯具备适应外界的体魄和性格。从提高儿童的生存能力来看，日本人的这种锻炼型的养育方式无疑具有积极主动性，创造条件让儿童适应环境，能使儿童在发展自身能力的过程中依靠自己的力量走向成熟。相比之下，中国人的这种保护型的养育方式则具有消极被动性，创造条件让环境适应儿童，会使儿童因习惯于依赖外部力量而抑制和减慢自身能力的发展，甚至使一些属于人类本能的生存能力逐渐退化乃至消失。

2. 幼儿心理健康教育的差异

在国外，三四岁的孩子不慎打破了家中的花瓶，如果他勇于将事情和盘托出，不仅不会受到处罚，还会因为诚实而受到表扬。但是，如果他拒不说出真相甚至嫁祸于人，则不可避免地会受到重罚，甚至强行要求将其零用钱或压岁钱作赔偿。相比而言，我们可以看出国外家庭的孩子表现得更真实，父母普遍重视培养幼儿的诚实品德。

奖惩如此分明，使得孩子从懂事开始就在心中树立起"以诚实为本"的信念。而在中国，父母更愿意给孩子一个美好的世界。少年作家蒋方舟就说：撒谎是中国父母的天职，粉饰世界是为孩子维系一个无菌环境。有时候，日本孩子的理想就是当个面包师，大人听了也赞许地点点头，而在中国，孩子往往有着宏伟的理想，不这样说，就会被大人或老师小小地批评一下。久而久之，标准答案深深地烙在心中。反观日本，诚信教育几乎贯穿人的一生，在家庭中父母经常教育孩子"不许撒谎"；到学校里耳濡目染的也是"诚实"二字；在公司里，"诚信"几乎是普遍的经营理念。

一次中西教育交流会，主持人要求双方列举本国教育的缺陷，中方开始商量说什么，当有人提出校园暴力、不尊敬师长等弊端时，立即遭到反对，理由是国际交往，要维护中国形象，不能"实话实说"。谎言重复一千遍，不能变成真理。即使是无害的谎言，也是少说为佳，尤其是接受不记名调查时。比较而言，就幼儿身心两方面的发展来说，我国更重视幼儿身体的成长，日本更重视幼儿心理的发展。

3. 幼儿生命安全教育差异

由于国外幼儿园中游戏活动的时间占比非常大，他们的安全教育是与孩子们的游戏融合在一起的，并更多地与生活相结合，让儿童在玩中自己去体会什么是安全，逐渐形成一种安全意识，以及应对危险的能力等。

以消防安全教育这一主题为例。首先教师和孩子们一起讨论孩子们感兴趣的关于消防安全的任何内容，如消防演习有哪些步骤，怎样逃离火灾现场，有哪些消防用品等；接下来在各种游戏活动中，孩子们就可以去亲身体验刚才所讨论过的内容。在艺术活动中，孩子们根据录像或画册等来自制一些消防用品，如灭火器，消防队员制服，灭火用的长长的水管等。制作完后，大家一起讨论这些东西各自的用途，他们自制的消防用品接下来作为角色游戏的道具，老师也会为他们准备大量的道具，如由一个大纸箱和四个小椅子组成的消防车，消防队员的徽章等。角色游戏中一些孩子表演救火队员，练习怎样使用一些灭火器材，而另一些孩子则表演逃离火灾现场的人，练习一些逃生的动作或自救技能，如假装滚灭身上的火苗，趴在地上匍匐前进等。在写作角中，孩子们可以自己画或从网上下载一些关于消防安全的有趣的图片，然后自己写关于这些图片的小故事，或者看图说话，给大家讲一个关于消防安全的故事。美国的一些幼儿园每学期还有一个"防火周"，参观附近的消防站，消防队员给他们做真正的消防演习，介绍一些自救技能等，每个幼儿还会得到一本防火画册，在涂涂画画的游戏中，了解掌握一些消防的安全知识。

国外幼儿园非常重视幼儿的自我保护教育，因为真实的生活是充满了各种危险因素的，让孩子学会在生活中保护自我不受伤害在他们看来是非常必要的，因此自我保护教育被作为安全教育的重要部分。对于这样的自我保护教育，幼儿园更多的是要求家长参与，将这些安全守则转换成亲子游戏的一部分，让孩子在与家长的游戏过程中学会自我保护的技能。除了让孩子们学会避免生活中人为造成的危险，美国幼儿园每月会进行一次火灾、暴风雨等灾难的逃生演习，让孩子们掌握逃避自然危险的能力。

（四）中外幼儿健康教育的案例分析

1. 心理健康教育

蒙蒙是一个非常娇小的女孩，她的性格也像她的人一样，遇事第一反应就是哭。为了搞清她哭的原因，笔者对她进行了跟踪调查。第一次哭，问起原因是凡凡带糖来吃，没分给她，她就哭了。凡凡呢，见老师来了，就立刻拿了一块糖给她，她就停住了哭声。第二次哭，发生在厕所里，经询问，原来是她要上厕所，有人跟她抢第一，她不肯，然后就哭起来，别人见她哭，就让给了她。第三次哭，在绘画活动中，凡凡因没带画笔，就向她借一支用，她不肯，就哭起来，嘴中还念叨："妈妈不让。"

案例分析：该案例中的蒙蒙，第一次哭后，她得到了一块糖，第二次哭后，她争得第一个上厕所的机会，第三次哭后，别人不敢拿她的东西。渐渐地，哭变成了她达到自己目的的武器。也因为如此，让她变得越来越自私，越来越爱哭。据了解，蒙蒙在家也是如此，只要不合她意，她就哭，父母怕烦，就总是一味地满足她。

蒙蒙的自私是一步一步形成的，克服她的缺点也需要一个过程。于是，我们在日常生活中，经常开展一些有针对性的活动，培养幼儿相互帮助、相互谦让、共同分享等良好的品德。如过新年时，我们让幼儿各自带来食品，一起品尝，共同分享快乐。游戏区里，请小朋友从自家带来了玩具，大家一起玩。在这样的活动里，我们尤其关注像蒙蒙这样自私的孩子的表现，及时给以帮助教育。蒙蒙爱哭，与家庭的宠爱是分不开的。我们请家长配合，在家不要因为怕她哭让人心烦，而一味地满足孩子的要求。要让她懂得，是你需要的东西，不哭，妈妈也会买给你的；不需要的东西，你就是再哭，也是不行。

2. 保护牙齿

在幼儿边观看教师自制的课件《爱吃糖的老虎》边听教师绘声绘色地讲述故事内容。在讲述的过程中，教师不时地将几个问题抛给幼儿，"老虎的牙齿为什么会脱落""糖为什么会使牙齿坏掉"。

为了使幼儿理解糖分中的酸能腐蚀牙齿上的硬组织，我特意设计了一个实验环节。在活动前几天将洗净的鸡蛋的一半浸泡在醋里。在活动中，让幼儿通过闻、看、摸感知鸡蛋壳上的硬组织被醋中的酸分子腐蚀变软变脆弱，一碰即碎。

此时，当幼儿了解了龋齿的形成后，都似乎松了一口气。但那只爱吃糖的老虎又请幼儿帮它分析以下哪些食物应该少吃，哪些习惯是不对的。请幼儿将教师提供的材料分类。

案例分析：卡通动画是幼儿乐于接受的事物，但根据以往的经验，幼儿在观看的过程中，较难从动画中转移注意力。所以在此次活动中我改变以往的方式，将动画制作成无声动画，再由教师配合讲述，在讲述的过程中穿插提问，使幼儿的注意力始终保持在动画与教师讲述之间。这样既满足了幼儿观看动画的愿望，又使得原本单调的观看有了良好的互动效应。在这一互动中，我主要运用的是指导、提问的方式。当幼儿活动前看到老师将鸡蛋放入醋中时，幼儿表现出很大的好奇心，不时地有问题提出，此时我认为这些问题已为我们活动开展时的师幼互动打下了基础。当活动中幼儿看到我拿出这枚鸡蛋时，都叽叽喳喳地议论起来。许多孩子伸长了脖子要看杯中的鸡蛋到底怎么了。于是，我手拿鸡蛋来到幼儿当中，逐个让幼儿看看、闻闻、摸摸。许多孩子看过、摸过之后，马上举起了小手要发表自己的见解。此时的师幼互动达到一个小高潮，幼儿们争先恐后地将自己的所见所闻以及在活动前就已有的一些生活经验进行表述。这一互动行为，我认为是幼儿发表见解、表述情况的行为，是由幼儿开启的师幼互动的行为。

这种由教师开启的师幼互动行为主要是指导幼儿通过某一教学游戏达到某一教学目标而开展的，是课堂教学中常用的一种互动方式。

3. 学会保暖

"今天早上来的时候，我觉得好冷哦，我的手都好冷，不信你碰下？"颖月拉着思琦的手说着。

"真的好冰哦，不过早上来的时候我也很冷的，我爷爷给我戴了手套了，所以一点也不冷的。""戴手套手就不冷了，那我的耳朵很冷的怎么办呢？"

"耳朵冷就戴耳套喽，我妈妈给我买了一个很漂亮的耳套，上面还有一个小白兔的，很暖和的哦，你也叫你妈妈去买一个呀。"佳圆很得意地说道。

在上了"怕冷的大恐龙"和"暖暖的太阳"后，孩子们又开始发现不同的取暖方式，他们开始慢慢地有了尝试不同的思维的意识，有的幼儿甚至会在出去做操前说我们要去晒晒太阳、要去运动了！而不仅仅是我们要出去做操。一天上午在外面活动中，我听到了他们的对话，佳圆小朋友边跳边说："晒太阳喽！"怡婷小朋友立刻就说："暖暖的太阳晒在身上真暖和、真舒服。"我也及时进行了鼓励。在运动之前，我提醒他们回忆故事里的大恐龙是怎样取暖的，运动之后又及时地问他们是否觉得很暖和。在这个寒冷的冬天，他们更加爱上了运动，也在一定程度上了解运动，了解了可以用儿歌、歌曲来抒发自己的感情。也变得不再怕冷，学会了好多不同的取暖方式。

案例分析：对于小班的幼儿，他们能通过自己的亲身体验来感受天气的变化。他们能根据平时爸爸妈妈给他们的穿戴来感受冬天的到来。对于冷了怎么办，他们已经很有经验了。通过互相的交流与沟通，幼儿之间能相互学习。因此在区角中，我预备了很多围巾、帽子等冬天的物品，增强幼儿对于冬天的感知与培养幼儿不怕冷的情感。尝试提供不同的答案和时间，在老师及时的引导下让他们自己去探索，经过提醒，孩子会比我们想象的更优秀，他们不仅会懂得运动能取暖这个简单的道理，还会借物抒情，用儿歌来抒发自己的理解。孩子们通过自身的亲身体会，了解一些常用的防寒保暖的方法，让幼儿在保持身体健康的前提下，愉快地参与各项活动。

04

我国幼儿教育的未来走向

一、幼儿园的教育理念

教育目标问题始终是各级各类教育要考虑的首要问题。2012 年年底教育部出台的《3—6 岁儿童学习与发展指南》（以下简称指南）对幼儿教育目标做出了具体的规定，但顺序有些改变，即"体、智、德、美"，以"为幼儿后继学习和发展奠定良好素质基础为目标，以促进幼儿体、智、德、美各方面的协调发展为核心"，体现的是全面和谐发展的根本目标。这无疑也是未来中国幼儿园教育的根本目标，这一点是毋庸置疑的。但从幼儿心理发展规律和中国幼儿教育的实际来看，体、智、德、美四大方面包含了相当多的具体内容，涵盖了儿童教育的方方面面，对于幼儿教育工作者来说，这样多的内容到底应该怎样去做，往往会产生很多困惑。因此在幼儿教育的目标方面，还应该做更深入细致的探究。

幼儿阶段心理发展的一条重要规律就是一个人的个性（人格）开始形成，因此这个年龄段儿童的人格发展是教育的最重要目标。俗话说的三岁看大，七岁看老。虽然有一定的局限性，但是能流传至今，肯定有其合理的一面，可以说它在某种程度上反映了幼儿心理发展的规律。幼儿期是一个人个性发展的最重要时期，这个时期儿童个性发展的好坏直接影响着他们日后的健康发展。

对于幼儿来说，家庭教育的目标应该包含三方面内容：明理、有情、习惯好①。明理是认识层面的目标，就是要让孩子懂得一些基本的道理，要有初步的是非观念，知道什么是对的、什么是错的，而不能不明是非，胡作非为。有情是情感层面的目标，就是要让孩子有感情，懂得爱父母和长辈，爱老师和小朋友，爱护动植物、环境、国家，而不是情感淡漠。习惯好是行为层面的目标，就是帮助孩子在日常生活的各个方面，形成一些良好的习惯。

二、幼儿园的教育内容

"学什么"的问题是幼儿教育要解决的重要问题，由于幼儿心理发展的特殊性，即"认识活动的具体形象性"和"心理与行为的无意性"，也给幼儿教育带来了区别于中小学教育的特殊性，即在选择教育内容时要尊重幼儿心理的发展特点，因此，"与生活结合"就是幼儿教育内容选择要遵循的首要原则，"与生活结合"这个特征体现在幼儿园课程的五大领域，尤其是科学领域，这是由于受学科特征的影响，科学领域中有很多抽象的内容和原理对幼儿来说是非常难以理解的，因此，幼儿学习的内容应该是与他们生活密切相关的，或者是发生在他们周围生活中的一些事情，在《指南》中体现的教育内容方面的一个新的特点是突出幼儿期的"关键经验"，这也是幼儿教育越来越科学化的一个具体体现，关键经验源于美国的学前教育课程，强调在学龄前这个年龄段儿童最应该学习的内容。

经验分为直接经验和间接经验，对于学前儿童来说，这个经验主要是直接经验，在《指南》中就有关于"幼儿的学习是以直接经验为基础"这样的话，也就是说，幼儿要学习的是他们直接感知到的具体的生活中的经验，而不是抽象的概念原理。

---

① 邹晓燕.幼儿家庭教育指导手册——好方法成就好孩子：教育分册 [M].大连：大连理工大学出版社，2011.

三、幼儿园的教育途径

《指南》的一个非常重要的特征是对幼儿教育三种主要途径的价值的重新审视，这可以说是一个巨大的变化，在以往的幼儿教育实际中，人们对三种教育途径的认识顺序往往是：集中教育活动（或集体教学）占第一位，区域活动（或区角）次之，一日生活最后。但是，《指南》把三者的地位进行了重新排序，把一日生活放到了首位，而把集中教育活动放到了最后，甚至对集中教育活动没有提出非常详细的要求，这也是体现幼儿教育科学性的一个重要方面。

集中教育活动的作用在于让孩子学习到某些知识，而区域活动则是要达到巩固、练习的效果，日常生活则是帮助孩子形成良好习惯[1]，不难看出，幼儿教育只有将三者有机结合才能使教育收到预想的效果。从三种教育途径各自的作用可以发现，集中教育活动只有在学习一些难懂的知识时才运用，而更多的应该是区域活动和日常生活。

把日常生活作为幼儿学习的主要途径可以减轻幼儿的学习负担。但长期以来，孩子们每天在幼儿园都是挺辛苦的，因为不管愿意不愿意、喜欢不喜欢，都要每天"陪着老师玩"，特别是教师上公开课的时候更是如此。这实际上不仅本末倒置了，而且给我们的孩子增加了很多的负担，同时也剥夺了他们快乐游戏的机会，使他们不能享受快乐的童年。因此，幼儿园的集中教育活动应该再减少一些、更精致一些。理论工作者和一线教师都应该研究一下幼儿的关键经验，特别要将这些关键经验进行区分，分出哪些适合日常生活学习，哪些适合区域活动中学习，哪些适合通过集中教育活动来学习，这可以起到为幼儿减负的作用，也可以提高幼儿园教育的效率，还可以使我们的孩子更快乐地学习。

---

[1] 邹晓燕.浅论幼儿教育去"小学化"[J].大连教育，2010（10）：20—23.

四、幼儿园的教育方式

教与学的问题始终是各级各类教育要考虑的重要问题。从教师的角度看是怎样教，从孩子的角度看则是怎样学，《指南》中对幼儿学习方式有明确的规定。在《指南》中"实施要求"的第三点就是关于幼儿的学习方式，具体要求为："幼儿的学习是以直接经验为基础，在游戏和日常生活中进行的。要珍视游戏和生活的独特价值，创设丰富的教育环境，合理安排一日生活，最大限度地支持和满足幼儿通过直接感知，实际操作和亲身体验获取经验的需要，严禁'拔苗助长'式的超前教育和强化训练。"这实际上就是要求幼儿教育要体现幼儿独特的特点，要求教师有意识地采取适合幼儿学习的教育方式。

幼儿的学习方式主要有三种①：观察比较、操作体验和同伴合作。

观察比较是幼儿期的一种基本学习方式。从幼儿心理发展的规律看，幼儿主要是通过感知，依靠表象来认识世界的，感知和表象既有区别又有联系。区别在于：感知是幼儿依靠感觉器官来获得的直接经验，表象是客观事物留在头脑中的形象。而联系在于：感知是表象产生的前提，只有在感知基础上才能形成表象。在感知的基础上，比较对幼儿辨别差异，加深印象有着非常重要的作用。这是因为"没有比较就没有鉴别"，这是学习的一个普遍规律。而对幼儿来说，比较更有其重要价值，这是由幼儿期条件反射易泛化的特点所致。幼儿只有在对相似的事物进行细心的观察，并找出其异同的基础上，才能更准确地掌握不同事物的特点。

操作体验是幼儿学习的另一个重要途径，这是因为好奇、好动、好问

---

① 邹晓燕. 幼儿的学习方式及理论依据——《3—6岁儿童学习与发展指南》解读［J］. 辽宁师范大学学报（社会科学版）2013（1）：62—67.

是幼儿期典型的特点，而操作体验的方式最适合幼儿心理的这一特点。儿童在操作体验之后获得的知识是他们能够真正理解和掌握的。操作是儿童摆弄物体，并进行探究的过程；在操作探究的基础上，儿童会产生对事物的本质理解及相应的情感上的反应（体验）。

同伴合作是目前国际教育学界都非常重视的一种学习方式，人们对于"合作学习"和"小组讨论"的价值给予了高度的重视。同伴间的交往在儿童心理发展中具有重要的价值，是与亲子关系同样重要的儿童社会化的途径。在日常生活中，同伴的作用机制主要有两个，即模仿和强化。模仿指的是儿童间的相互学习。

而同伴合作不同于日常的同伴交往，是幼儿园中可以采用的一种学习方式。它强调的是儿童间的积极相互作用（即共同做事，相互交流，讨论）而形成对事物的正确认识。同伴合作之所以有其重要的价值，是因为在儿童与他人的交往过程中会产生认知冲突，认知冲突又必然会引发争论，而争论则会使孩子对问题的认识越来越清晰、准确。因此，充分利用合作学习的方式可以使孩子的学习达到更好的效果。

五、幼儿园课程

《指南》强调："儿童的发展是一个整体，要注重领域之间、目标之间的相互渗透和整合。促进幼儿身心全面协调发展，而不应片面追求某一个或几方面的发展。"

从目前幼儿园课程的五大领域的角度看，社会领域是与幼儿期教育的终极目标最为接近的领域，但社会领域的目标和内容不能直接作为主线，它仍然具有领域课程的特征，只是从几个方面规定了社会教育的内容，或者说在这个领域的范围内还找不到"人"的影子，也就是说，我们看不到"到底社会领域的培养目标是个什么样的人"。但是从社会领域的目标的规定可以发现"社会性"这个关键词。或者更确切地说,个性中的社会性应该成为幼儿园课程的主线。

社会性是否可以作为幼儿园课程的核心?是否能够整合其他各个领域?首先,不论是哪个领域,都可以渗透这个目标;更重要的是,这个目标的出现可以使我们的教育中出现一个"人",一个具有各领域知识和能力的人,符合幼儿年龄特点和社会发展需要的人。所以,未来的幼儿园课程的发展方向应该是以个性中的社会性或社会性的某个方面为主线的整合课程。

六、家园合作

中国幼儿教育的发展极不均衡,城市和农村幼儿教育机构在合作关系上存在很大差异。城市幼儿教育机构较重视合作关系的建立,注重发挥家园共育,开发社区资源,形成教育合力,但在农村,这一块显得非常薄弱。即使在城市,家长参与的层次也比较低,仅限于家长与教师的交流,参加家长开放日、反馈意见等,家长较少参与幼儿园的规划、课程建设和评价环节。其中一个很重要的原因在于,一些幼儿教育机构和家长的教育观以及对合作关系理解的偏差。因此,树立正确的幼儿教育观,寻求广泛的社会支持系统,建立家园共育和社区参与的模式是促进我国幼儿教育持续发展的关键所在。